심리학이 나를 안아주었다

심리학이
나를 안아주었다

나의 강점을
발견하게 해준 긍정심리학

이정미 지음

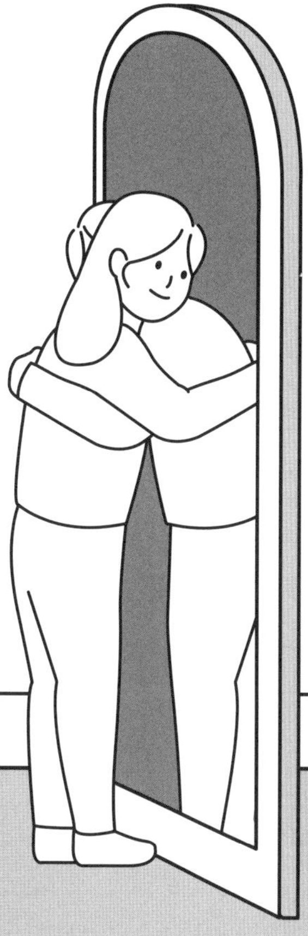

whale books

Prologue_있는 그대로의 당신을 안아주세요

누구나 외롭고 불안하다. 불확실한 것투성이라 힘들었던 스무 살 무렵엔 하루빨리 어른이 되고 싶었다. 어른이 되면 세상이 만만해질 줄 알았다. 하지만 서른이 되어도 여전히 세상은 녹록지 않았다. 시련은 끝도 없이 모양을 바꾸며 찾아왔고, 이대로는 그나마 밑천이던 열정마저 바닥날 것 같아 두려웠다. 나를 지탱해 줄 무언가가 절실했다. 못난 나를 믿을 수도, 그렇다고 믿고 의지해도 될 만한 누군가를 곁에 두지 못했던 그때, 몇 번의 경험 끝에 내가 아닌 타인에게 의지하려는 마음이 얼마나 터무니없는 것인지 깨달았다. 타인의 평가나 인정, 누군가의 믿을 수 없는 불안한 사랑이 아니라, 나 자신을 돌보고 키우는 데 시간과 정성을 들이기로 결심했다.

여리기만 한 나를 키우고 싶어 작정하고 탐구했던 심리학은 지난 이십 년간 나의 도구가 되어 월급쟁이로 밥벌이하며 살게 해

주고 있지만, 그게 전부는 아니다. 학문을 통해 내가 만난 긍정심리학은 외로운 나를 안아주었고, 불안한 나를 위로했으며, 불확실하기만 한 나의 삶을 응원해 주었다. 지나버린 나의 과오와 오랜 상처들을 보듬어주었고, 열정이라는 나의 강점을 깨닫게 하였으며, 나 자신을 이해하고 사랑할 수 있도록 이끌었다.

개인적인 내 삶의 경험과 전문영역의 상담자로서 교수로서 그동안 내가 만나온 사람들의 아픔과 고민은 겉모습은 다른 것 같아도 본질은 다르지 않다. 세대를 초월해 관통하는 본질적인 고통이 있고, 또 저마다 아직 발견하지 못한 채 등잔 밑에 숨겨진 행복의 씨앗이 있다. 내 경험에 의하면, 관점을 조금 바꾸는 것만으로도 사람들은 쉽게 자기의 행복 씨앗을 발견했다. 그리고 고통을 피하려고만 하던 것에서 벗어나, 자기 고통을 마주하고 이해할 수 있게 되면서 고통이 생각만큼 힘들지 않음을 깨달았다. 그렇게 사람들은 서서히 불행이라는 젖은 외투를 벗어 던질 수 있게 되었다. 행복은 사람들이 생각하는 것처럼 대단한 성공을 해야만, 멋진 모습을 갖추어야만 찾아오는 게 아니다. 눅눅하고 축축하게 젖은 자신을 감추려 애쓰지 않고 오히려 자기 자신을 있는 그대로 햇볕에 널어 말릴 때 뽀송뽀송한 행복이 찾아온다.

이제 지천명의 나이가 되어 돌아보니, 강의실에서 상담실에서 직접 만나 소통하며 사람들에게 전했던 긍정심리의 힘을, 직접 만날 수 없는 사람들에게도 널리 알리는 일을 더 이상 미룰 수 없다고 생각되었다. 이 책은 오늘을 살아가는 현대인들이 자기를 잘 이해하고 지금보다 조금 더 행복해질 수 있도록 돕는 '일반인을 위한 쉬운 긍정심리 안내서'를 쓴다는 마음으로 쓰기 시작하였다. 독자들이 자신의 삶에 대해 돌아보고 앞으로의 삶의 방향에 대해 생각해볼 수 있도록 도울 수 있기를 바라며, 몇 가지 사례들과 함께 일상 속에 적용할 수 있는 소소한 방법들을 소개하는 데 중점을 두었다.

학문적으로 긍정심리학은 인본주의와 실존주의 철학에 뿌리를 두고 있다. Positive Psychology가 '있는 그대로'라는 뜻을 가진 라틴어 Positum에 그 어원이 있음을 고려하면 이해가 쉬울 것이다. 유기체로서 우리 인간을 외적 조건이나 외부의 가치 기준에 맞춰 변형시키려 하지 않고, 생명을 가진 유기체로서 존재 자체로 인정하고 수용하는 것이 바로 긍정심리학의 핵심이라고 할 수 있다. 이런 맥락에서 positive psychology를 본래의 의미가 살아나도록 우리말로 옮긴다면, 통용되고 있는 우리말 명칭 '긍정심리학'보다는 '그대로 심리학'이라 부르는 게 더 어울릴지도 모르겠다.

사람들의 흔한 오해 중 하나는 긍정심리는 '긍정만을 다룬다.' 혹은 '부정의 반대'라는 생각이다. 그렇지 않다. 긍정심리는 오히려 삶에는 필연적으로 어두운 면과 밝은 면이 있음을 '있는 그대로' 수용하는 태도와 연결된다. 존재와 삶이 가진 본질적이면서도 실존적인 측면을 깊이 통찰하고 있는 것이다. 쉽게 말하자면, 호박씨에게 장미꽃을 피우라 명령하거나 기대하지 않는 것 말이다. 호박씨는 호박꽃을 피우는 것이 자연스럽고, 당당히 피어날 때 호박꽃 자체로 충분히 향기롭고 아름답다. 마찬가지로 넝쿨이 아름다운 덩굴장미를 품은 씨앗에게 꽃대가 크고 탐스러운 장미꽃을 피우기를 기대해서도 안 될 것이다.

씨앗은 본래 그대로의 본성에 걸맞게, 자연스럽게 자기 생명력을 틔우는 것이 가장 아름답다. 그러나 이 말이 아무것도 하지 않고 그냥 있어도 된다는 뜻은 아니다. 그 어떤 씨앗도 자기 꽃을 피우기 위해서는 비바람을 견디고 곤충과 조류의 공격을 이겨내야 하며, 무수한 시련을 겪어내야만 한다. 더구나 인간계(界)에서 남의 꽃이 아닌 자기 꽃을 피우려면 역경과 도전이 더 많은 법이다. 관념이나 생각에만 머물러서는 액자에 걸린 향기 없는 그림에 지나지 않고, 아무리 탐스럽고 향기로운 꽃도 찾아오는 나비 없이 혼자만의 세계에 갇혀서는 진정한 행복에 이를 수 없다. 행복은 온실 속 화초처럼 안전하게 지내는 데 있지 않다. 비바람 부는 들판에서 치열하게 계절을 이겨낸 꽃이 진정 당당한 아름다움을 뽐내듯이, 타인과 접촉하며 함께 어우러지는 삶 속에서 생생하게 경험한 삶을 통해서만이 우리의 행복은 실체를 갖는 향기로운 꽃으로 피어난다.

이 책은 무수한 시련을 겪어내고 새로운 오늘을 마주한 사람 누구에게나 작은 힘이 되어줄 수 있기를 바라는 마음으로 시작되었다. 맞닥뜨린 문제 앞에 때로는 좌절하고, 삶의 모퉁이에서 우왕좌왕 갈피를 잡기 힘든 사람들의 마음에 공감하고, 그들의 오늘과 내일을 응원하려는 마음으로 글을 썼다. 아직 마음의 힘을 잃지 않은 사람들, 그래서 책을 읽는 것만으로 나름의 통찰을 얻을 수 있는 사람들, 혹은 삶이 버거워 누군가의 도움이 필요하지만 마땅하게 도움을 청할 곳이 없어 막막해하는 사람들, 그리고 자신이 도움이 필요한지조차 인식하지 못한 채 삶과 투쟁 중인 사람들을 위해 썼다. 그래서 어쩌면 이 책은 현대를 살아가는 우리 모두를 위한 것이다.

자기 자신을 좀 더 이해하고 사랑하며, 자신이 지닌 씨앗의 본래 성질을 잃지 않고 그대로 꽃피워낼 수 있도록, 그리하여 좀 더 의미 있는 삶을 살 수 있기를 바란다. 부디 이 책이 자기 씨앗의 정체를 알아차리고, 그 씨앗에 걸맞은 '꽃'을 피우기 위해 삶의 태도와 방향을 조정하며, 일상 속에서 이를 기운차게 살아낼 수 있도록 돕는 마중물이 되기를 바란다.

2019년 12월

율곡로에서

이 정 미

목차

Chapter 1

우리, 행복할 수 있을까?

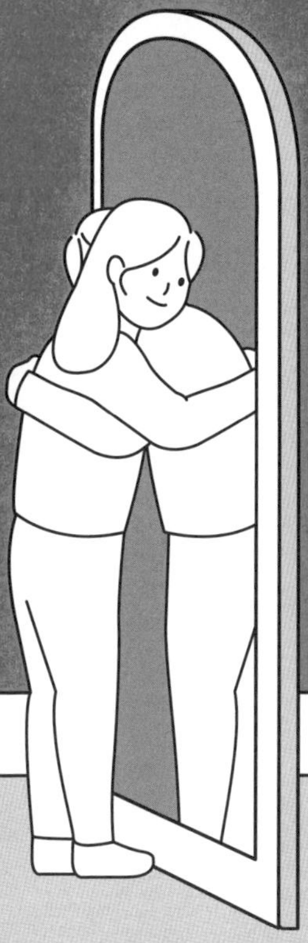

행복해지고 싶지 않은 사람이 과연 있을까? 생각할 줄 아는 모든 인간은 행복하기를 원한다. 그리고 생각할 줄 알기 때문에 우리는 바로 그 행복을 얻지 못할까 봐 불안해 한다. "행복 따위 관심 없어"라고 말하는 사람이 있다면, 불행에 치인 나머지 미래마저 불행할까 두려워 무관심을 가장한 것이리라.

여러분은 어떤가? 행복 앞에 쿨한 척 무관심하진 않은가? 그게 아니라면 지금 당신은 행복한가? 지금이 불행하다면, 미래에 대해서는 어떤가? 앞으로도 당신은 계속 불행할 것 같은가? 이 챕터에서는 행복에 대한 당신의 생각과 태도를 점검해 보고, 지금을 살아가는 우리에게 필요한 심리학, '긍정심리'에 대해 알아보자.

1. 당신, 안녕한가요?

"안녕하세요?" 우리는 하루에도 여러 차례씩 만나는 이들에게 안녕을 묻는다. 별일 없는지, 평안했는지 상대방의 안위를 궁금해한다. 그러고 보면 우리나라 사람들만큼 타인의 안위를 궁금해하는 사람들이 또 있을까 싶다. 때로는 도가 지나쳐 문제가 되지만, 어우러져 살아가기 좋아하고 타인의 감정과 상태를 배려하는 건 우리만의 특성이기도 하다. 그러나 정작 스스로의 안녕에는 무관심하다. 타인의 안녕만큼 자신의 안녕에 관심을 기울이는 사람은 이상하리만큼 드물다. 우리가 쉽게 건네는 안녕은 웰빙이라고 일컬어진다. 그리고 안녕은 행복과 같은 뜻을 가진 다른 이름이다. 행복이 철학 용어라면, 안녕은 심리학 용어인 셈이다. 박사과정을 다니던 2001년 다니엘 골먼의 저서 《Handbook of Emotional Intelligence》에서 웰빙에 대한 정의[1]를 보고 발끈했던 기억이 있다. 그 책에 소개된 윌슨의 정의에 따르면, '교육받은 젊고 부유한 기혼자로서 종교가 있어야' 행복한 사람이었다. 자격지심 탓인지 그 부분을 읽자마자 나는 기분이 몹시 가라앉았다.

당시 나는 대학원을 휴학하고 3년간 정신과에서 근무하다가 다시 막 대학원으로 돌아간 때였다. 하고 싶은 공부를 하며 나름 즐겁게 살고 있다고 자부했지만, 윌슨 박사가 제시한 행복한 사람의 기준[2]에 따르면 나는 결코 행복하지 않은 사람이었다. 서른두 살의 미혼에 사귀는 남자 친구도 없는 상태였고, 경제적으로나 사회적으로 딱히 내세울 것 없는 집안의 맏딸이었다. 아마도 이 사실들을 상당한 약점이라고 생각했는지도 모른다. 그 순간 심히 불편하고 저항감이 들었던 걸 미루어 보면 말이다.

좋아하고 잘하는 일을 하며 살자는 결심을 하고 어렵사리 복학한 상황이었다. 또 실제로도 내가 가치 있게 여기는 일에 열정을 쏟으며 잘 살고 있다고 여기고 있었다. 그럼에도 불구하고 막상 그 구절을 읽자 갑자기 내 삶이 암울하게 느껴졌다. 학위를 따고 나면 30대 중반을 훌쩍 넘길 것이고, 우리 집이 앞으로 부유해지는 건 불가능해 보였다. 종교 생활에도 그다지 적극적이지 않은 내가 앞으로 행복할 수 있을까 하는 의문이 들기 시작하자 기운이 빠졌다. 나는 내 미래가 행복하지 않을 거란 그의 예견을 순순히 인정하고 싶지 않았다.

행복과 안녕에 대한 나의 학문적 탐구는 그렇게 시작되었다. 2001년 어느 날 책을 읽다가 느꼈던 그 불편감이 지금까지 행복과 안녕의 심리적 기제에 대해 탐구하는 삶을 살게 했으니 말이다. 때마침 그동안의 내 노력이 인정받는 일이 있었다. 한국학술진흥재단(지금의 한국과학재단의 전신)의 장학생으로 선발되어 미국 대학에서 1년간 방문 연구원으로 연구 경험을 쌓을 기회가 생긴 것이다. 분명 좋은 기회였지만 선뜻 결정을 내리지 못하고 있었다. 아무에게나 주어지지 않는 기회를 잡은 나에 대한 주변의 시샘, 재정적 지원을 기대할 수 없는 넉넉지 않은 집안 환경 등 여러 문제가 복잡하게 얽혀 있었다.

복잡한 마음을 어떻게 아셨는지 지도 교수님께서 나를 불러서 한 말씀 하셨다. "다른 사람들이 하는 말 신경 쓰지 마라. 기회가 왔을 때 그 기회를 자기 것으로 잡는 사람들은 항상 미리 준비돼있는 사람들이다. 그러니 주위에서 하는 말에 위축될 거 없다. 네가 준비되어 있었기 때문에 그 기회가 네 것이 된 거야. You deserve it!" 평소 칭찬 한마디 않는 다소 무뚝뚝한 지도 교수님의 그 말은 큰 위로가 되었다. 지금 교수가 된 나 역시 제자들에게 이야기한다. 미래가 불투명할수록 더 잘 준비하고 있으라고. 인생에서 기회의 창이 어느 때 어떤 방식으로 열릴지 모르니 대비하라고 말이다.

교수님의 말에 용기를 얻은 나는 그 학기를 마치자마자 바로 미국행 비행기에 몸을 실었다. 펜실베이니아 주립대학교 예방연구센터 연구원으로 근무하면서, 석박사 과정 대학원 수업을 듣게 되었다. 그곳에서의 경험은 내게 많은 것을 남겼는데, 무엇보다 처음 접했을 때부터 내게 불편감을 안겼던 안녕과 행복을 깊게 탐구할 수 있는 기회를 얻었다. 당시는 긍정심리학이 꿈틀대던 태동기였던 터라, 미국에서도 명확한 개념 정립이 되어있지 않은 상황이었다. 미국에서 만났던 학자들은 안녕을 정서적 안녕emotional well-being과 심리적 안녕psychological wellness 정도로 구분해서 인식하고 있었는데, 정서적이라는 관형어가 붙는 경우는 '얼마나 행복하다고 느끼고 있나'라는 안녕감sense of well-being에, 심리적이라는 관형어가 붙는 경우는 '얼마나 잘 살고 있나'라는 심리적 기능psychological function에 초점이 맞추어져 있었다.

우리는 매일 안녕하냐고 서로 묻지만, 정작 안녕이 무엇인지 알지 못한다. 안녕이 무엇인지 모르면서 과연 우리가 안녕할 수 있을까? 우리가 안녕할 수 있으려면 무엇보다 먼저 행복이 무엇인지, 어떤 상태를 안녕이라고 하는지 알아야 한다. 알지도 못한 채 그곳에 갈 수 없을뿐더러 아무런 노력 없이 저절로 행복해지기를 바라는 것은 옳은 방식이 아니다.

이것이 바로 내가 안녕과 행복에 대해 소개하려는 이유다. 개념 정의와 용어를 알게 되면, 실제 삶 속에서 안녕과 행복을 추구하는 일이 좀 더 쉬워진다. 마치 게임 용어와 규칙을 알면, 스포츠 경기가 더 재미있어지듯이 말이다. 지금부터 내가 하는 이야기가 여러분이 알고 있는 것과 어떻게 다를지 자못 궁금하다. 2001년에 내가 발끈했듯이, 어쩌면 여러분도 내가 하는 이야기를 듣고 불편하다고 느낄지도 모르겠다. 그렇더라도 그 역시 반가운 일이다. 내가 그랬듯이, 이제 여러분도 스스로 자신의 행복을 정의하고 추구하는 일이 삶의 새로운 과업으로 떠오를 테니 말이다. 그리고 그 과정에서 성장할 것이고, 성숙해질 것이며, 결과적으로 전보다 더 행복할 것임을 믿어 의심치 않는다.

2. 자아가 약해졌을 때 빠지기 쉬운 함정

행복에 대한 관심은 기원전 고대 그리스 시대로까지 거슬러 올라가지만, 현대적 의미의 행복, 즉 웰빙을 처음 연구하기 시작한 것은 20세기 초 경제학자들이었다. 그들은 의식주나 고용 상태 또는 소득 수준 등의 객관적 지표를 통해 행복을 정의하고자 했다. 말하자면 물질적 안녕material well-being에 주된 관심을 기울인 것이다. 그러나 이는 곧 심리학자들에 의해 반박되었는데, 그들은 의식주와 일정 소득만으로 행복이 보장되는 건 아니라고 주장했다. 물질적으로 부족하더라도 마음이 부자인 사람들이 존재하며, 물질적으로 풍요롭더라도 마음이 빈곤한 사람들이 존재한다는 사실이 그 근거였다.

여러분은 객관적 지표만으로 행복을 보장할 수 없다는 말에 동의하는가? 좋은 집, 좋은 차를 갖게 된다면 누구나 기쁠 것이다. 그러나 물질의 소유가 주는 기쁨은 시간이 지날수록 빠르게 감퇴한다. 단 일주일만 지나도 현격히 줄어든다.

몇 년 전 상담실을 찾아 온 40대 주부 C는 쇼핑중독이었다. 남편은 사업으로 눈코 뜰 새 없이 바쁜 사람이었고, 곰살맞던 둘째 아들마저 유학을 떠난 이후 쇼핑중독이 심각해졌다고 했다. 매니저는 매장에 새로운 상품이 들어오면 백화점 VIP 고객인 그녀에게 연락했고, 그녀는 매장 직원의 환대 속에 상품을 둘러보고, 입고 신어보며 기쁨을 느끼는 데 도취했다. 대부분 필요하지도 않은 신상품을 골랐고, 그녀의 집에는 포장도 채 뜯지 않은 쇼핑백들이 쌓여만 갔다.

그렇게 구경하고 착용해 보고 선택하는 과정과 신용카드로 대금을 결제하기까지의 시한부 행복에 서서히 중독되어 간 그녀는 대부분의 시간을 백화점에서 보냈다. 친구를 만나도 백화점에서, 밥을 먹어도 백화점에서, 휴식도 백화점에서. 그러다 보니 그녀의 일상 대부분은 백화점을 중심으로 돌아갔고 폐점 시간까지 백화점에 머무는 날도 많아졌다. 그녀는 자신이 느꼈던 만족감이 집에 돌아와 쇼핑백을 집안 어딘가에 내려놓는 순간 날아가 버리는 것 같다고 털어놨다. 유통기한이 짧은 행복은 너무도 쉽게 공허감으로 바뀌었고, 그 허전함을 채우기 위해서라도 쇼핑을 반복해야 했다. 경제적으로는 부족함 없었지만, 그녀는 삶이 무의미하게 느껴져 견디기 힘들다고 토로했다.

쇼핑으로 옷장은 채울 수 있어도 마음은 채울 수 없다. 원한다

면 언제든 명품 매장을 돌며 새로 나온 핸드백과 구두를 살 수 있었지만, 그녀는 행복하지 않았다. 물질을 수단으로 삼아 행복에 다다르는 일은 쉽지 않다. 인간이 매우 복잡한 유기체이기 때문이다. 물질은 음식일 수도 있고, 상품일 수도 있고, 약물일 수도 있다. 마음이 허전할 때 물질로 채우려 드는 방법은 미봉책에 불과하다. 잠깐 발을 녹일 수 있을지 몰라도 근본적인 해결책이 될 수 없다.

공허한 자신의 마음을 치유할 수 있는 근본적인 해결책이 물질이 될 수 없다는 것을 알면서도 우리는 왜 물질에 집착할까? 사랑과 의미, 만족, 안정처럼 눈에 보이지 않는 가치들은 불확실하며 어렵다. 그리고 두렵다. 대신에 눈에 보이고 손으로 만져지는 물질은 확실한 만족감을 준다. 이런 까닭에 사랑이 고플수록, 무의미한 삶을 사는 사람일수록 손쉬운 물질에 집착하게 된다.

동서양을 막론하고, 현대를 살아가는 사람들은 전례 없는 물질적 풍요를 누린다. 하지만 문제는 심리적 · 정서적 빈곤이다. 문화학자, 심리학자, 사회학자 등 각 분야의 전문가들 모두 '풍요 속 빈곤'이 지금 전 세계에 닥친 심각한 사회적 문제라는 데 동의하고 있다.

미국의 저명한 심리학자 데이비드 마이어스는 물질적 풍요가 증가함에 따라 사람들의 고통이나 불행을 나타내는 지표도 함께 증가하는 현상을 일컬어 '풍요의 역설'이라 했다.[3] 여기서 불행의 지표란 이혼율, 아동 학대와 청소년 자살 발생률 등을 말한다.

미국심리학회장이었던 마틴 셀리그만 역시 한 기고문[4]에서 현재 우리는 40년 전보다 두 배 더 부유해졌으나, 열 배 정도 더 많이 우울해졌다고 일갈한 바 있다. 심리적 안정감이 깨진 채 물질적 풍요만을 추구하는 것은 정신 건강을 위태롭게 한다. 오히려 행복으로부터 멀어지게 하고 심지어 불행을 불러온다.

물질적 안녕을 버릴 수 없다면 신체적 안녕으로 대체하는 일도 고려해 볼 만하다. 우리의 몸도 일종의 물리적 속성을 가진 개체라고 생각할 때, 몸을 잘 돌보고 필요한 물질을 적절히 취하는 것이야말로 행복을 향해 가는 하나의 축이 될 테니 말이다. 제때 자고 제때 일어나는 것, 제때 적정량의 음식을 먹는 것, 적절한 시간 일하고 적절히 휴식을 취하는 것. 이 모든 것이 신체적 안녕을 위한 방편이 된다. 의식주나 고용 상태 또는 소득 수준 등의 객관적 지표에서 다소 부족하고 만족스럽지 않더라도, 우리 자신을 돌보는 방편으로 몸의 안녕을 꾀한다면 행복의 가능성은 실현된다. 신체적 자기self인 우리의 몸은 우리의 일부로 매우 중요한 요소이기 때문이다.

외부의 물질을 소유함으로써 만족을 누리고자 하는 욕구는 그만큼 우리 내부, 즉 정신적 측면이 나약하다는 방증일 수 있으며, 본질적으로는 자존감이 낮은 데서 기인한 것일 수 있다. 19세기 말 심리학의 탄생과 더불어 자존감 개념을 최초로 제시한 심리학의 아버지 윌리엄 제임스에 따르면[5], 자존감self-esteem이란 자기 자신을 존중하고 소중하게 여기며, 정신적 측면에 높은 가치를 두는 것을 의미한다. 또한 이후 발표된 자존감 연구자들의 견해에 따르면, 자기 자신의 가치나 중요성에 대한 전반적인 정서 평가 즉, 자기 자신에 대해 스스로 어떤 감정을 갖고 있는가가 자존감을 결정한다고 한다. 자기 자신에 대해 내리는 평가가 회의적이거나 비호의적일 때, 우리의 자존감이 잠식된다는 것이다.[6]

어떤 면에서 보면 자존감은 우리를 둘러싼 사회적 환경과 분리될 수 없는 특성을 가지고 있다. 따라서 타인의 눈에 비치는 자신의 모습에 영향을 받을 수밖에 없다. 남의 눈에 비치는 겉모습, 즉 물질에 치중하는 어리석음이 유발되기 쉬운 것은 어쩔 수 없는 현상인 듯싶다. 그러나 기억하자. 자존감은 정신적인 면, 심리-내적인 것에 가치를 둘 때 지킬 수 있다. 자칫 외적인 면이나 물질적인 면에 치중하다 보면, 자아가 약해지게 되고 자존감이 낮아지게 된다. 결국 물질을 채워도 마음은 채워지지 않는, 가난한 마음의 소유자가 되고야 마는 악순환이 반복될 수 있다.

자존감은 행복의 중요한 예측 인자다. 그러므로 자존감을 자주 점검해 볼 필요가 있다. 학문적으로 자존감은 크게 일반 자존감*과 상태 자존감**으로 구분되는데, 일반 자존감은 자기 자신에 대

* 전반적 자존감(global self-esteem) 혹은 특질 자존감(trait self-esteem)이라고도 한다.

** 특정 영역에서의 자존감(domain-specific self-esteem) 혹은 상태 자존감(state self-esteem)이라고도 한다.

해 전반적으로 어떻게 느끼며 어떻게 평가하고 있는지를 의미하며, 시간이나 상황에 따라 매우 안정적인 특성이 있다. 지금 여기서는 그때그때 기분과 상황에 따라 영향을 받는 상태 자존감에 대해 알아보기로 하자.

참고로 이 책에는 다음 페이지에 제시하는 것과 같은 다양한 질문지가 있다. 질문지에 응답할 때는 외부의 방해 없이 조용히 집중할 수 있는 장소에서 응답하길 권한다. 지나치게 깊이 생각하지 말고 떠오르는 대로 응답하되, 있는 그대로 솔직하게 자기 자신과 가장 가깝다고 생각되는 부분에 체크하자.

문항 중에는 채점할 때 역산해야 하는 번거로움을 피하고자 응답 칸의 숫자들을 거꾸로 배치해둔 것들이 있다. 그러나 문항에 응답할 때는 해당 칸에 쓰인 숫자에 신경 쓰지 말고 위치만 고려하자. 응답 요령은 각 문항을 읽고 현재 자신의 마음과 다르다면 '전혀 그렇지 않다'에, 현재 자신의 마음과 비슷하다면 비슷한 정도에 따라 '아주 약간 그렇다', '다소 그렇다', '많이 그렇다', 또는 '아주 많이 그렇다'에 체크하면 된다. 자, 이제 마음을 차분히 하고 응답해 보자.

지금 나, 이대로 괜찮은 걸까?

다음 문항을 읽고 자신에게 해당되는 정도에 체크해 주세요.

번호	문항	전혀 그렇지 않다	아주 약간 그렇다	다소 그렇다	많이 그렇다	아주 많이 그렇다
1	나는 내 능력에 자신이 있다.	①	②	③	④	⑤
2	나는 내가 성공한 이로 여겨질지, 실패한 이로 여겨질지 걱정한다.	⑤	④	③	②	①
3	나는 지금 내 몸매에 만족한다.	①	②	③	④	⑤
4	나는 내 수행에 대해 좌절하거나 당황스러워 할 때가 많다.	⑤	④	③	②	①
5	나는 내가 읽은 것을 이해하는 데 어려움이 있다.	⑤	④	③	②	①
6	나는 다른 이들이 나를 존중한다고 느낀다.	①	②	③	④	⑤
7	나는 내 체중에 불만족스럽다.	⑤	④	③	②	①
8	나는 남의 시선을 의식한다.	⑤	④	③	②	①
9	나는 다른 이들만큼 영리하다고 느낀다.	①	②	③	④	⑤
10	나는 나 자신을 못마땅하다고 느낀다.	⑤	④	③	②	①
11	나는 나 자신을 좋다고 느낀다.	①	②	③	④	⑤
12	나는 지금 내 외모에 흡족하다.	①	②	③	④	⑤
13	나는 다른 사람들이 나를 어떻게 생각하는지 걱정한다.	⑤	④	③	②	①
14	나는 일들을 이해하는 데 자신감을 느낀다.	①	②	③	④	⑤
15	나는 지금 이 순간 다른 사람들에 비해 열등하다고 느낀다.	⑤	④	③	②	①
16	나는 내가 매력이 없다고 느낀다.	⑤	④	③	②	①
17	나는 내 인상에 대해 염려한다.	⑤	④	③	②	①
18	나는 지금 이 순간, 다른 이들보다 업무 능력이 부족하다고 느낀다.	⑤	④	③	②	①
19	나는 내가 일을 잘하고 있지 않은 것 같다고 느낀다.	⑤	④	③	②	①
20	나는 바보같이 보일까 봐 걱정한다.	⑤	④	③	②	①

<table>
<tr><th rowspan="2">하위 요인</th><th>제1요인</th><th>제2요인</th><th>제3요인</th></tr>
<tr><th>수행 자존감</th><th>일반 자존감</th><th>사회 자존감</th></tr>
<tr><td>점수 계산</td><td>4, 5, 10, 15, 16, 18,
19, 20번 점수 합산</td><td>1, 3, 6, 7, 9, 11, 12,
14번 점수 합산</td><td>2, 8, 13, 17번 점수 합산</td></tr>
<tr><td rowspan="2">요인별 점수 평균</td><td>________점/8</td><td>________점/8</td><td>________점/4</td></tr>
<tr><td>________점</td><td>________점</td><td>________점</td></tr>
<tr><td>총점</td><td colspan="3">________점/3 = ________점</td></tr>
</table>

● 결과 ●

질문지에서 체크한 값은 세 가지 요인으로 나뉠 수 있다. 1요인은 수행 자존감, 2요인은 일반 자존감, 3요인은 사회 자존감이다. 수행 자존감은 계획한 일과 관련한 자존감을 의미하고, 일반 자존감은 특질 자존감을 의미하며, 사회 자존감은 타인의 눈에 미치는 자기 모습에 대한 평가와 관련된다. 비교적 일시적이고 상황적 영향을 받는 상태 자존감이라 할지라도, 성격 특질처럼 굳어진 안정적인 자존감과 떼려야 뗄 수 없기 때문에 상태 자존감의 한 요소로 구성되어 있다.

다음 표를 기준으로 자신이 어느 그룹에 속하는지 가늠하길 바란다. 2015년 대학생 475명을 대상으로 한 연구[7]에서 우리나라 대학생들의 수행 자존감은 평균 4.03, 일반 자존감은 평균 3.05, 사회 자존감은 3.23이었고, 20개 문항 전체의 평균은 3.44점이었다. 대학생들의 경우, 수행 자존감은 최상위 그룹의 최하 범위에 속했지만 일반 자존감은 중윗값임을 알 수 있다. 반면 사회 자존감은 일반 자존감보다는 다소 높으나, 수행 자존감보다는 낮은 상위 그룹의 중간 범위에 속한다.

평균 점수	1점 이상~2점 미만	2점 이상 3점 미만	3점 이상 4점 미만	4점 이상 5점 미만
의미	자존감이 매우 낮은 최하위 그룹	자존감이 낮은 하위 그룹	자존감이 높은 상위 그룹	자존감이 매우 높은 최상위 그룹

<table>
<tr><th colspan="2" rowspan="2">하위 요인</th><th>제1요인</th><th>제2요인</th><th>제3요인</th></tr>
<tr><th>수행 자존감</th><th>일반 자존감</th><th>사회 자존감</th></tr>
<tr><td rowspan="2">대학생</td><td>평균</td><td>4.03점</td><td>3.05점</td><td>3.23점</td></tr>
<tr><td>총점</td><td colspan="3">3.44점</td></tr>
</table>

위의 정보를 참고해, 자신의 점수와 비교하면서 나의 자존감은 어느 정도 수준인지 알아보길 바란다. 앞으로 이 책에서는 물질적 안녕에 대한 욕구를 내려놓고, 눈에 보이지 않는 심리 내적인 특성인 자존감과 안녕감, 그리고 현재보다 조금 더 행복해지기 위해 스스로 할 수 있는 다양한 방법을 소개할 것이다.

3. 삶을 바라보는 새로운 렌즈, 긍정심리학

지금까지 안녕과 행복에 대한 개념적 정의를 살펴보았다. 이제 당신은 안녕하고 행복할 수 있는 구체적인 방법이 궁금할 것이다. 이 책은 사람들이 보다 건강하고 행복한 삶을 살도록 긍정심리학에서 그 답을 찾고자 한다.

긍정심리학은 1998년 마틴 셀리그만과 미하이 칙센트미하이에 의해 처음 정의되었다. 등장하자마자 전 세계 많은 학자들로부터 뜨거운 지지를 받은 이유는, 인간이 지닌 병리나 결점, 약점에 초점을 두던 심리학에서 벗어났다는 데 있다. 강점과 덕목이 최적의 상태로 기능할 수 있도록 돕는 방법을 개발하고 그 효과를 과학적으로 검증하는 데 집중하는 학문으로 심리학이 새롭게 변화한 것이다. 이로 인해 21세기 현대 심리학에서 정신 건강을 바라보는 패러다임은 일대 변혁을 맞이했다. 2차 세계대전 이후 정신병리나 결함을 낮추는 것에만 집중하느라 심리학이 지난 50년간 잊고 있던 본래의 사명, 즉 인간의 행복, 성취, 번영을 도와야 한다는 것으로 돌아가자는 움직임이었다.

심리학은 긍정심리학이 등장하기 이전과 이후로 나뉜다 해도 과언이 아니다. 과거에는 '정신적으로 건강하다'라는 말이 '정신 질환이나 병리적 증상이 없다'는 것을 의미했다. 따라서 정신 질환이나 문제, 증상을 줄이는 데 주력했을 뿐 행복과 안녕에 관심을 기울일 여지가 없었다. 그러나 긍정심리학 등장 이후로는 스스로 건강하다고 느끼는가, 그렇지 않은가가 판단의 기준이 되었다. 과거에는 심각한 정신적 문제로 어려움을 겪어야 심리 치료사나 상담사를 찾았다면, 이제는 지금보다 더 잘 살고 싶고, 보다 행복해지고 싶은 사람들이 전문가를 찾는 것이다.

문제 초점 전략 vs. 목표 초점 전략

기존 심리학의 목적은 문제의 진단이나 평가에 기초해 그 문제를 수정하거나 교정하는 것이다. 이 목표는 문제 감소에 기여할 수 있지만, 문제에만 집중하다 보면 문제가 실제보다 크게 부각되고 그 때문에 당사자들이 느끼는 자존감과 웰빙도 낮아지게 되는 부작용의 위험이 있다. 모든 에너지를 문제를 다루는 데 쓰느라 성장과 발달에 할애할 여유가 없어지고 결국 본래 잘하던 강점까지도 잘 발휘하지 못하게 되고 마는 것이다. 기존 심리학의 접근법인 '문제 초점 전략'의 큰 결함이라 할 수 있다.

비단 학문적 접근에만 국한된 이야기는 아니다. 삶을 대하는 우리의 태도와도 직결된다. 이는 실험을 통해서도 입증되었다. 문제를 줄이겠다는 부정적 목표를 위해 노력하는 사람들은, 바람직한 일을 가능하도록 하겠다는 목표를 위해 노력하는 사람들에 비해 비관적이다. 또한 새롭고 도전적인 활동에 참여하는 비율이 낮았다. 반면, 긍정적인 목표에 집중하는 사람들은 새로운 것을 배우는 데 더 잘 몰입하고, 도전적인 활동에 적극적으로 시도할 뿐만 아니라, 낙관적인 마인드로 과제에 접근하는 것으로 나타났다.[8]

문제를 줄이기 위해 집중할 때는 동기와 에너지가 떨어지지만, 긍정적인 목표에 집중할 때는 동기와 에너지가 능동적으로 증가한다. 이런 이유로 긍정심리학은 문제의 축소나 감소에 초점을 두기보다는 원하는 바람직한 상태에 도달하는 데 초점을 둘 것을 강조한다. 이를 가리켜 '목표 초점 전략'이라 하는데, 이 전략에는 여러 이점이 있다.

우선 새롭고 독창적인 대안의 생성을 촉진함으로써 결과적으로 실제 목표를 달성할 가능성이 높아진다. 이는 문제 초점 전략이 비관적 전망을 하게 해 도전적인 활동을 꺼리게 만드는 것과는 대비된다. 또한 목표 초점 전략은 목표의 달성을 위해 필수 불가결한 인내심을 더 갖도록 한다는 장점이 있다.

성취 가능한 긍정적 목표를 향해 한 발 한 발 내딛는 가운데 인내심이 길러지고, 목표에 집중할수록 우리 자신도 미처 몰랐던 창의적인 대안을 생성해 내는 숨은 잠재력이 최대로 발휘된다. 이렇게 할 때 결과적으로 원하는 결과, 즉 긍정적 목표를 이루게 된다. 설사 목표를 달성하지 못한다 할지라도, 목표에 준하는 상당한 진전을 이루게 된다는 점에서 이미 긍정적 변화와 성장을 이루었다고 볼 수 있다. 이제 여러분에게 묻겠다. 문제를 줄이고 피하는 데 에너지를 쓸 것인가, 아니면 원하는 목표를 달성하는 데 에너지를 더 쏟을 것인가?

설사 문제 초점 전략이 성공했다 할지라도 비용 대비 효과는 그리 크지 않다. 기껏해야 문제가 얼마나 줄어드느냐일뿐, 대부분은 문제를 완전히 없애지도 못한다. 게다가 목표로 삼지도 않은 바람직한 변화는 일으키지도 못한다. 애초에 목표 자체가 문제를 줄이는 것이고, 문제를 줄이는 것만으로도 바람직하고 좋은 것으로 여기기 때문이다. 이러한 소극적 태도는 우리의 안녕과 행복을 위한 방편으로는 불충분할 수밖에 없다.

문제가 줄어들었다고 해서 행복해지는 것은 아니다. 행복은 긍정적 목표를 세우고, 에너지를 집중하여 대안들을 생성해 내고, 이를 실행으로 옮길 때 비로소 찾아 온다. 노력으로 얻어지는 것이지, 흔히들 생각하듯 지금의 문제나 불행한 상황들이 없어지기만 하면 저절로 행복이 따라오는 것이 아니다.

문제 초점 전략을 아예 사용하지 말라는 이야기가 아니다. 문제가 있다면 이를 해결하기 위한 노력도 필요하다. 그러나 잊지 말아야 할 것은 어떤 상황에서도 우리의 안녕과 행복을 위한 노력을 게을리해서는 안 된다는 것이다. 우리가 문제에 봉착했든 아니든 바람직한 상태, 즉 안녕한 웰빙 상태를 유지하고 더 행복하기 위한 노력은 일상적으로 꾸준히 이어가야 한다.

명심하자. 세상 어떤 사람도 문제가 없는 사람은 없고, 우리는 우리가 가진 문제들에도 불구하고 얼마든지 행복할 수 있다. 문제가 없어지면 그제야 행복해질 것이라는 비합리적 신념은 버리자. 쓰고 남으면 저축하겠다고 하는 사람은 만년 마이너스 통장을 벗어날 수 없다. 저축부터 하고 남는 돈으로 생활하는 습관을 익혀야 점점 쌓이는 플러스 통장으로 갈아탈 수 있다.

부정적인 목표, 즉 문제를 줄이거나 회피하기 위한 목표는 우리로 하여금 두려움, 긴장, 불안과 같은 마이너스 정서, 즉 '부(-)적 정서'를 느끼게 한다. 부정적 목표에 집중할수록 부적 정서를 더 많이 더 자주 느끼게 되는데, 이것은 에너지를 떨어뜨리고 의지를 상쇄시킨다. 이러한 부정적인 목표로 기대할 수 있는 최상의 결과는 기껏해야 문제를 피하는 정도다. 설사 문제를 성공적으로 피했다는 안도감을 얻게 된다 해도, 이는 다른 목표를 추구하기 위한 힘을 불러일으키지는 못한다. 대개는 문제를 줄이거나 피하지도 못한 채, 목표 추구 과정에서 경험한 부적 정서로 인해 문제가 더 심각해져 버리기 일쑤이다. 이러한 부정적인 목표는 결코 우리를 성취, 행복, 번영으로 이끌지 못한다.

반면, 우리가 바라는 어떤 상태에 도달하고자 하는 긍정적 목표는 설렘, 즐거움, 기대감 등의 플러스 정서, 즉 '정(+)적 정서'를 느끼게 한다. 긍정적인 목표에 집중할수록 정적 정서를 더 많이 더 자주 느끼게 되며, 이는 에너지와 활력을 불러일으켜 우리의 의지를 더욱 북돋운다. 긍정적인 목표는 원하는 상태에 도달했다는 그 자체만으로 보상이 어마어마하다. 목표를 달성하지 못했다 해도 실패한 게 아니다. 최종적으로 이루어 내지 못했을 뿐, 목표 설정 이전에 비해 분명한 변화와 성장을 겪었기 때문이다. 그러므로 긍정적 목표를 지녔다는 것은 그 자체로 이미 성공 궤도에 오른 셈이다.

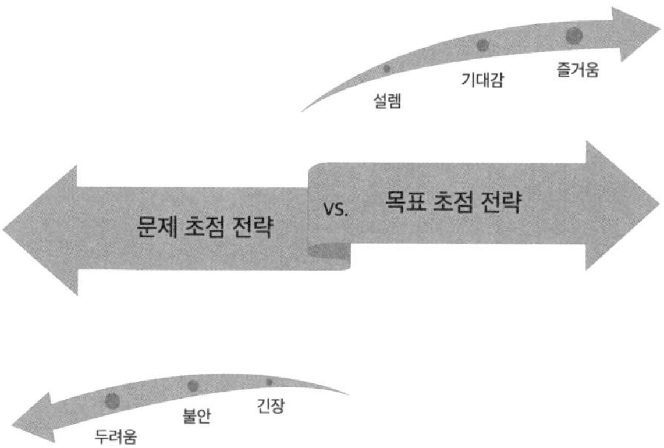

삶을 바라보는 태도에 따른 차이

긍정심리학에서는 되도록 무언가를 감소시키거나 피하기 위한 '부정적 목표' 대신 무언가를 증가시키거나 도달하기 위한 '긍정적 목표'를 추구하라고 권한다. 현대인들이 많이 경험하고 있는 심리적 증상으로 우울, 무기력, 불안, 불면증, 공황장애, 분노와 적개심으로 인한 공격성, 폭식 등이 꼽힌다. 그러나 만약 이러한 심리적 문제를 감소시키는 것에만 집중한다면 좌절감이 깊어지게 되고, 바람과는 달리 행복은 더욱 멀어지게 된다.

구체적인 꿈의 모습은 사람마다 다르겠지만, 자신이 바라는 모습으로 살아야겠다는 의지를 갖고 적극적이고 긍정적인 삶의 목표와 방향을 설정하기를 바란다.

4. 지금 나는 행복한 걸까?

앞서 말했듯 긍정심리학이 출현하기 전까지 사람들의 정신 건강을 판단할 때는 정신병리적 증상 혹은 문제가 얼마나 있는지가 주된 관심사였다. 병리적 증상이 있다면 건강하지 않은 것으로 분류하고 그 정도와 강도에 따라 문제를 없애기 위한 치료 서비스를 제안하는 것이 정신 건강 전문가들이 해 온 일이었다.

이 방법은 '병리의 유무'라는 한 가지 기준에 국한해 판단하므로, 아무리 정교하고 다양한 평가 도구를 사용하더라도 많은 한계점을 지닐 수밖에 없다. 따라서 다음 그림과 같은 '불완전 모형'이라 할 수 있다. '심한 병리'라면 정신과적 치료가 필요하겠고, '약한 병리'라면 상담이나 심리 치료만으로도 개선이 될 수 있을 것이다. 하지만 이 모델에서는 병리적 증상이 없는 보통 사람에 대해서는 관심이 없다. 오직 고통과 문제에만 관심을 두기 때문이다.

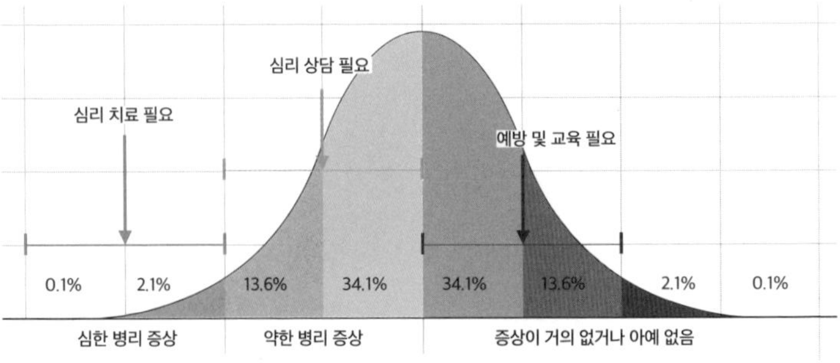

기존 병리 모델 기반의 정신 건강 불완전 모형

반면, 긍정심리 모델은 정신병리 증상이나 문제 외에도 웰빙 수준을 함께 고려한다. 정신병리와 웰빙이라는 두 가지 준거를 통해 분류하고, 이를 바탕으로 어떤 개입과 전략으로 도움을 제공할지 결정한다는 점에서 기존의 의학적 병리 모델이 가진 불완전성을 극복한다. 모든 사람에게는 강점과 약점이 있으며, 각자 자신을 둘러싼 환경에는 성장의 기회와 파괴적 위험이 공존한다고 보기 때문이다. 정신적으로 건강하다는 것은 '병리나 증상이 없는 상태'만이 아니라, '안녕하고 행복한 상태'인지를 함께 고려하여 판단한다는 뜻이다. 이를 도식화한 것이 다음 그림에 제시한 '정신 건강 완전 모형'[9] 이다.

이 그림에서 보듯이 병리는 가로축으로, 웰빙은 세로축으로 양분되고 병리의 정도가 심할수록 왼쪽에, 웰빙이 높을수록 위쪽에 위치하게 된다. 이런 식으로 분류해 보면, 어떤 사람이라도 가로축과 세로축이 만나는 네 개의 사분면 어딘가에 점으로 도식화가 가능해진다. 일차원적인 수직선상에 도식화할 수 있는 기존의 의학적 병리 모델보다 다소 복잡해 보이기는 하지만, 실제에 더 가까운 모형임을 알 수 있다.

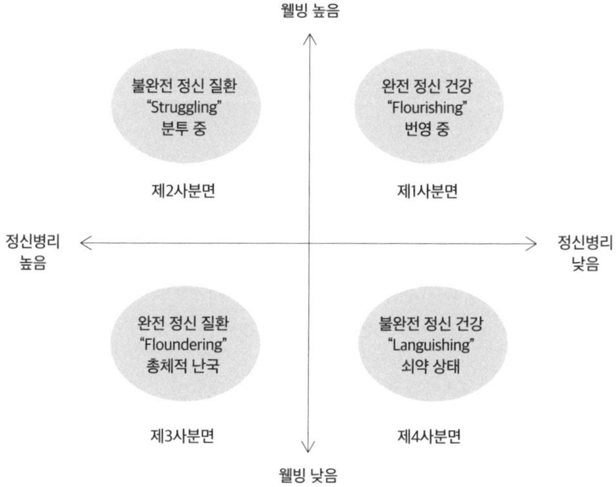

긍정심리 기반의 정신 건강 완전 모형

제1사분면: 완전 정신 건강 상태의 번영 중인 사람

먼저 제1사분면에 위치한 사람들은 정신병리적 문제나 증상이 없으면서, 웰빙을 경험하고 있으므로 '완전 정신 건강 상태'의 '번영 중인 사람flourishing people'으로 분류된다. 물론 이 사람들도 난관에 봉착했을 때는 일시적으로 전문가의 도움이 필요하다. 하지만 대체로는 혼자서도 건강하고 번영하는 방향으로 우상향의 궤도를 그리며 성장할 수 있는 사람들이다. 모든 사람들이 이 영역에 있다면 더 바랄 게 없겠지만, 현실에서 제1사분면에 위치한 사람의 수는 많지 않다.

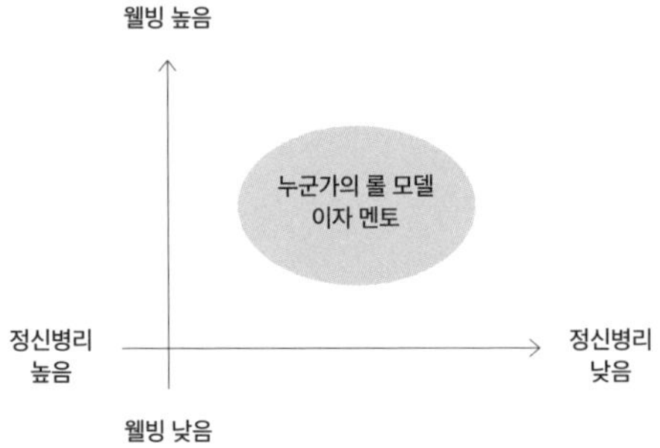

완전 정신 건강 상태의 번영 중인 사람

제1사분면에 위치한 번영 중인 사람들은 타인에게 멘토나 롤 모델이 되는 사람들이다. 이들이 만일 교사나 부모, 치료사, 상담사, 의사, 종교인, 법조인, 정치인처럼 우리 사회에서 타인을 위해 일하고 있다면 더할 나위 없이 반가운 일이다. 사회와 국가의 지도층이 바로 이 번영 중인 사람들이라면 세상은 따뜻하고 정의로운 곳이 될 것이다. 그리고 그런 사람들을 가려낼 수 있는 안목을 키우기 위해서라도 우리 역시 스스로 번영 중인 사람이어야 할 것이며, 적어도 번영 상태에 있는 사람들의 특징을 알고 있어야 한다.

우리 주변에 이러한 완전 정신 건강 상태에 있는 번영 중인 사람들이 있는지 찾아보자. 그리고 적극적으로 이들을 찾아가 그들이 가진 삶의 태도, 가치관, 행동을 잘 살피고 따라 하자. 그들을 따라 하는 동안 자신만의 방식을 찾게 될지도 모른다.

제2사분면: 불완전 정신 질환 상태의 분투 중인 사람

다음으로, 어느 정도 웰빙을 경험하고 있으면서 정신병리 증상이나 문제를 갖고 있는 사람들은 '불완전 정신 질환 상태'의 '분투 중인 사람들struggling people'로 분류된다. 이들에게는 증상의 감소와 소거를 위한 치료도 필요하지만, 더불어 자신의 강점을 살려 웰빙을 더 높일 수 있도록 돕는 긍정심리에 기반한 처치가 필요하다.

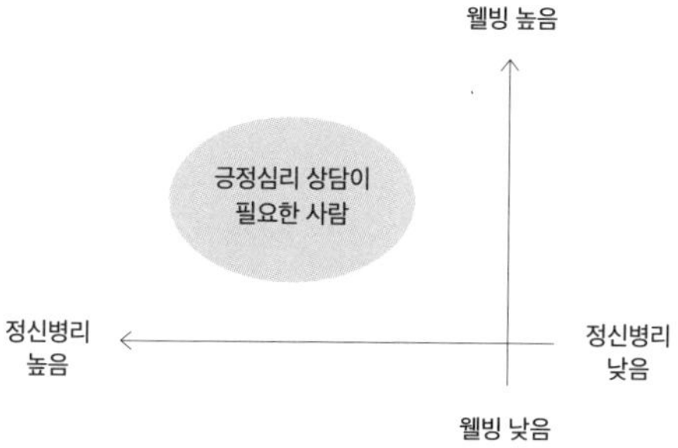

불완전 정신 질환 상태의 분투 중인 사람

의외로 우리 사회에서는 이 영역에 해당하는 사람들이 굉장히 많다. 성공하기 위해 열심히 사느라, 마음을 돌보지 못한 채 어른이 되어 버린 탓이다. 좋은 대학을 나와 대기업에 취직하여 높은 연봉을 받고 직장에서도 능력을 인정받고 있지만, 공허감에 시달리며 여러 가지 심리적 증상으로 힘들어하는 사람들이 많은 이유다. 이는 비단 개인의 문제일 뿐만 아니라 사회 전반의 문제이기도 하다.

이들이 치료를 위해 전문가의 도움을 청하러 가기는 쉽지 않다. 문제가 있다는 걸 자각하고 있지만, 스스로 생각하기에 심각한 정도는 아닌 듯하고 마음만 먹으면 혼자서 해결할 수 있을 거라고 믿기 때문이다. 그렇게 필요한 조치를 취하지 않고 내버려 두다 보면 증상이 심해지고 스트레스 상황에서 마음을 통제할 수 없는 양상으로 나타나기도 한다. 이런 과정을 몇 차례 거치게 되면 '총체적 난국 상태'나 '쇠약 상태'로 옮겨 가게 되는 경우가 많다.

주변인 가운데 불완전 정신 질환 상태에 있는 것으로 여겨지는 사람이 있다면, 문제가 심각해지기 전에 전문가를 만나볼 것을 권해야 한다. 혹 여러분 자신에게도 염려되는 문제가 있다면 반드시 훈련받은 전문가로부터 검사를 받길 바란다. 이때 의학적 병리 모델의 접근만을 취하는 전문가라면, 앞서 설명했던 문제 초점 전략만을 취하게 되므로, 모두에게 존재하는 강점을 활용하지 못할 가능성이 높다는 점에 주의해야 한다. 불완전한 정신 질환 상태에 처한 사람들에게도 여전히 어느 정도 강점이 기능하고 있다는 사실을 잊어서는 안 된다. 자신의 강점을 살려 일상 속에서 행복을 일궈갈 수 있도록 돕는 긍정심리에 기반한 처치가 동반될 때, 살아갈 힘이 날 것이다.

제3사분면: 완전 정신 질환 상태의 곤경에 처한 사람

제3사분면의 사람들은 사실 가장 어려운 상황에 처했다고 볼 수 있다. 이들은 병리 증상이 있으면서 웰빙 또한 낮으므로 '완전 정신 질환 상태'의 '곤경에 처한 사람flounderering people'으로 분류된다. 이 사람들은 증상의 감소와 소거를 위한 치료가 그 무엇보다 중요하다. 앞서 보았던 의학적 병리 모델의 '정신 건강 불완전 모형'에서 왼쪽 극단에 속하는 사람들이 대체로 이에 해당한다. 이들은 개인적 강점과 환경적 자원이 현격히 부족한 사람들로 일상생활을 지속할 수 없을 정도로 정신 건강이 훼손되어 있으며, 이를 극복할 힘이 현저히 약해져 있는 상태이다.

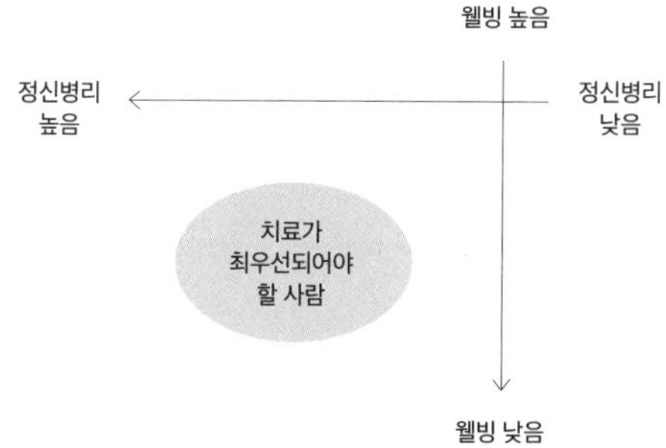

완전 정신 질환 상태의 곤경에 처한 사람

이 곤경에 처한 사람들은 무엇보다 병리가 호전되는 것을 최우선 과제로 삼아야 한다. 따라서 의학적인 병리 모델에 근거해 약물 치료를 병행하며 증상의 치료에 집중하는 것이 바람직하다. 치료를 통해 증상이 호전되고 어느 정도 힘이 생기게 되면 제2사분면 혹은 제4사분면으로 이동하게 될 수 있다. 그때 자신의 강점과 환경적 자원을 살려 일상 속 행복을 일궈갈 수 있도록 돕는 것이 바람직하다.

흔히들 치료를 통해 증상이나 문제가 개선되면, 치료를 중단해 버리고 마는데 이것은 상당히 위험하다. 살아가다 보면 새로운 스트레스나 삶의 도전 등과 맞닥뜨리기 마련이다. 대처능력이나 견디는 힘은 저절로 생기지 않는다. 따라서 필요한 치료를 받은 뒤에 증상이 호전되면 반드시 긍정심리 치료로 전환하거나 변환해야 한다.

5년마다 실시하는 보건복지부 조사 결과를 보면 우리나라의 경우는 약 10%의 사람들이 정신 장애 유병률을 나타내고 있다. 이는 인구통계학적으로 따져 보았을 때 병리로 고통받는 사람들의 비율인 약 3%보다 세 배 이상 높은 수치다. 이를 그림으로 비교해 보면, 오른쪽 그림과 같은 분포를 이루고 있다. 건강한 사람보다 병리를 경험했거나 경험하고 있는 사람들이 훨씬 많을 때 나타나는 분포다. 우리나라가 자살률 및 이혼율이 높은 국가라는 것은 국민이 행복하지 않은 나라라는 뜻이기도 하지만, 병리로 곤경에 처해 있는 사람들이 그만큼 많은 나라임을 반증한다고도 볼 수 있다.

병리 인구가 정상 분포인 나라

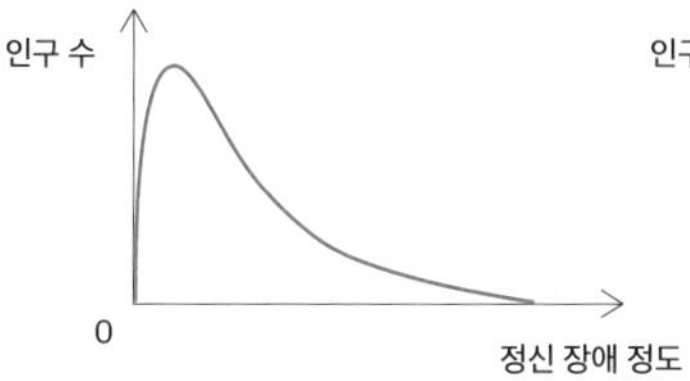

병리 인구가 더 적은 나라

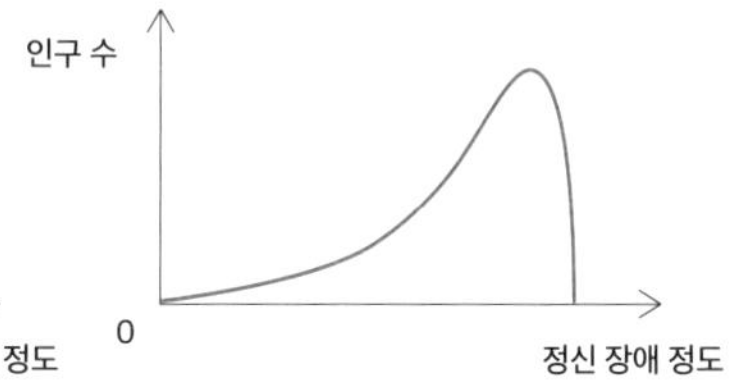

병리 인구가 더 많은 나라

제4사분면: 불완전 정신 건강 상태의 쇠약한 사람

끝으로 제4사분면의 사람들은 정신병리는 없으나 행복 또한 경험하고 있지 못하므로 '불완전 정신 건강 상태'의 '쇠약한 사람languishing people'으로 분류된다. 정신 장애의 인구 분포에서 정적 편포를 나타내고 있는 우리나라에서는 이 유형의 사람들이 가장 많다고 볼 수 있다.

제2사분면의 분투 중인 사람들이 웰빙도 높고 병리도 높다면, 제4사분면의 사람들은 정반대다. 웰빙도 낮고 병리도 낮다. 분투 중인 사람들처럼 이들 역시 정신 건강 전문가를 찾지 않는다. 병리가 낮아 전문가가 필요하다는 생각을 하지 않아서다. 하지만 제4사분면에 속한 사람들에게는 반드시 전문가의 조언이 필요하다. 큰 시련이나 스트레스가 심한 사건을 겪게 되면 빠르게 제3사분면으로 옮겨 갈 가능성이 높기 때문이다.

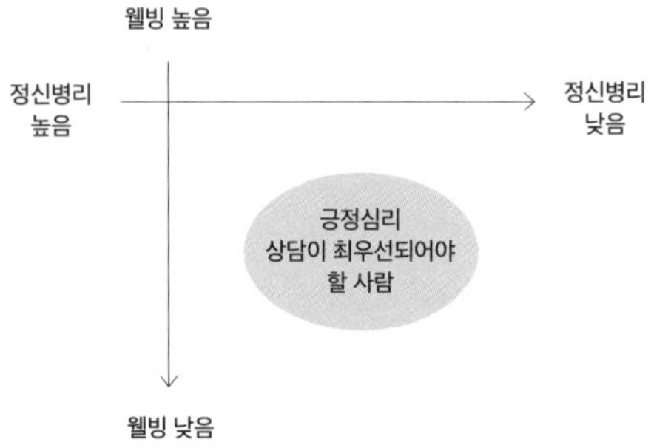

불완전 정신 건강 상태의 쇠약한 사람

따라서 이 쇠약한 사람들은 병리가 없다 할지라도 평소에 웰빙을 높이기 위한 노력을 해야 한다. 이것은 앞으로의 병리 가능성을 낮추기 위한 '적극적 예방'이 되기도 하고, 무엇보다 본인 스스로에게 살아가는 재미와 의미를 찾을 수 있는 좋은 약이 된다. 건강하지 않은 상태로 평생을 보내고 싶은 사람은 없을 것이다. 그러나 사람들은 대부분 그 필요성과 중요성을 자각하지 못한다. 자신이 지금 바로 딱 이런 상태에 처했음에도 말이다.

행복하게 살겠다고 결심하고, 행복이라는 긍정적인 목표를 향해 매일매일 한 발자국씩 내딛자. 반드시 앞으로, 위로만 디딜 필요 없다. 옆도 괜찮고 뒤도 괜찮다. 그 방향이 자신의 행복이라는 지점을 향한 것이기만 하다면 말이다. 어디로 가는지도 모르면서 앞만 보고 달리는 건 행복이 아니다. 어디로 가야 하는지 정확히만 알고 있다면, 멀리 돌아간다고 해도 그 과정이 모두 행복으로 이어질 것이다.

Chapter 2

고통과
잘 지내는 법

고통 없는 삶이 있을까? 생명이 있는 모든 존재는 필연처럼 고통을 각오해야 한다. 또한 고통 없이는 결코 행복할 수 없다. 행복은 항상 고통 끝에 찾아 오고, 희망은 항상 절망이 있는 곳에 감추어져 있다. 행복하기만 한 것은 진정한 행복이 아니다. 역설적으로 들리겠지만, 가슴에 외로움과 불안, 죄책감과 고통을 품은 사람만이 참 행복을 누릴 수 있다. 그러니 겁내지 말자. 우리는 고통과 싸우는 법이 아니라, 잘 지내는 법을 배워야 한다.

1. 우울의 망망대해 속, 삶이 외로울 때

대학 시절 나는 유난히 외로움을 많이 탔다. 당시의 나는 이 외로움의 근원을 알지 못했고, 알 수 없는 그 이상한 불안정감을 어떻게 해야 할지 몰라 쩔쩔맸다. 길을 걷는 중에도, 버스나 지하철을 타고 가는 중에도 문득 눈물 나는 날이 많았다. 다행스럽게도 뭔가에 집중하고 있을 때는 외로움을 느낄 새가 없었다. 강의실과 학교 도서관을 오가며 학교 생활에 충실했고, 수업이 끝나면 아르바이트를 하고 집으로 돌아오는, 다람쥐 쳇바퀴 도는 것과 같은 바쁜 일상의 연속이었다. 하지만 지하철을 타고 등교를 하는 중이라든가, 친구들 없이 혼자 캠퍼스를 오가는 순간이라거나, 과외를 마치고 집으로 돌아가던 늦은 밤길, 그리고 잠을 청하려고 자리에 누웠을 때면 어김없이 이상한 불안이 밀려왔다. 나는 혼자였고, 외로웠다. 지금 돌아보면 그때 나는 누군가 나를 지켜보아 주었으면, 단단하게 나를 꽉 안아주는 사람이 있었으면, 너는 지금 이대로 괜찮다고, 모든 게 다 잘 될 거라고 말해주는 사람이 있었으면 하고 간절히 바랐던 것 같다. 그땐 몰랐다. 왜 그렇게 허전하고 쓸쓸했는지. 감정의 실체를 알 수 없으니 무작정 그 감정에 휘둘릴 수밖에 없었다.

어린 시절 충분히 사랑받지 못한 채 성인이 된 사람들은 살아가는 동안 여러 가지 괴로움에 시달린다. 그중 가장 심각한 증상은 이 세상에 나 혼자만 남겨진 것 같다는 외로움, 이유를 알 수 없는 불안과 고독이다. 가족으로부터 충분한 사랑(이를 가리켜 심리학에서는 '애착'이라고 한다)을 받고 자란 사람들과 그렇지 않은 사람들 간의 차이는 한둘이 아니지만, 무엇보다 외로움을 느끼는 정도에서 큰 차이가 있다. 인간은 누구나 외로운 법이라지만, 무조건적인 사랑을 주는 존재가 있는 사람과 그렇지 않은 사람이 느끼는 고독감은 큰 차이가 있다.

어쩌면 그때의 나는 가벼운 우울증이 아니었을까 싶다. 우울한 기분이 상당히 익숙하게 몸에 밴 채, 상당한 불편감을 주는 데도 정확한 감정을 깨닫지 못하고 지냈다. 청춘이었지만 힘들고 외로웠으며, 삶에 지쳐 한 학기 한 학기 버티는 기분으로 대학 4년을 보냈다. 그 4년 동안 옅은 우울감이 내 영혼을 적셨지만, 언젠가는 이 고난을 이겨 내고 나도 다른 사람들처럼 평범해질 수 있을 거라는 막연한 기대가 내가 붙들 수 있는 유일한 희망이었다.

4년 후 어찌어찌 혼자 힘으로 휴학 한 번 없이 동기들과 함께 졸업했을 때, 비로소 그 우울과 작별할 수 있었다. 졸업식 날, 내가 느꼈던 해방감과 성취감은 말로 옮기기 어려울 정도였다. 기어이 나는 해냈고, 그런 나 자신이 매우 자랑스러웠다. 힘들었던 대학 시절, 절망한 적은 있어도 희망의 끈을 놓은 적이 없던 덕분이었다.

요즘 대부분의 대학에는 심리 상담실이 마련되어 있다. 나는 대학원에 진학하고 나서야 우울로 상담실을 찾는 대학생들이 꽤 많다는 것을 알게 되었다. 그리고 나도 그때 상담실을 찾았더라면 좀 더 일찍 어두운 장막을 벗어던질 수 있지 않았을까 하고 뒤늦게 후회했다. 길을 걷다가, 밥을 먹다가, TV를 보다가 눈물이 쏟아졌지만 내가 우울한 것일 수 있다는 생각을 당시에는 하지 못했다. 문제라는 자각이 없었으니, 누군가의 도움이 필요하다는 것도 알지 못했고 교내 상담센터를 찾을 생각도 하지 못했다.

대학원에 진학해 이상심리abnormal psychology와 정신병리psychopathology에 대해 공부하면서 돌이켜 보니, 내가 고독하고 우울했던 건 단지 스스로 마련해야 하는 학비 때문만은 아니었다. 경제적 이유, 물질적 이유보다 더 큰 이유가 훨씬 오래전부터 나의 심리 기저에 자리하고 있었다. 그것은 바로 부모와의 관계에서의 애착 결손이었다.

출생 직후부터 시작되는 양육자와의 애착 관계가 불안정하게 형성되면, 우리는 마음의 안정을 얻기 어렵다. 자신이 사랑받을 만하며, 존재 자체만으로 누군가의 기쁨이고 행복일 수 있다는 믿음을 가질 수 없기 때문이다. 그리고 그 믿음이 약할수록 불안하고 외로울 수밖에 없다. 세상이라는 망망대해에 어딘가 닻을 내릴 수 있는 안전 기반secure base이 필요한데, 최초의 관계인 주 양육자가 충분한 사랑과 신뢰를 주지 못할 때 이 기반은 흔들린다.

사랑받을 권리는 태어나는 생명 누구에게나 선험적으로 주어지지만, 슬프게도 그것은 가능태일 뿐 누구에게나 현실태로 구현되지는 않는다. 꽃으로 피어날 가능성을 지닌 똑같은 민들레 홀씨라 할지라도 어디에 떨어지냐에 따라 실제 꽃을 피울 수도 있고, 그냥 도랑물에 떠내려가 버리거나 바위 위에 떨어져 햇빛에 말라버리기도 하는 것과 마찬가지다.

우리가 어떤 토양 위에 떨어질지 우리는 알 수 없다. 만나게 될 가족 배경, 처하게 될 사회적 상황이나 조건은 선택할 수 없다. 하지만 그 조건 위에 주어진 시간 안에서 어떻게 살아갈 것인가는 선택할 수 있다. 가능태를 현실태로 만드는 것은 우리가 '선택할 수 있는 것'에 달려 있는 것이다. 금수저로 태어났더라면 좀 더 쉬웠을지 모르지만, 그것은 그것대로 또 힘든 역경이 있는 법이다. 내가 부모의 사랑을 듬뿍 받으며 자랐더라면 정말 좋았겠지만, 그렇지 않았어도 나름대로 의미 가득한 삶을 살 수 있었다. 남들보다 고생을 더 한다는 것이 당시에는 억울하고 힘들 일이었지만,

긴 안목으로 보면 긴 삶의 여정 속 한 모퉁이에 지나지 않는다.

상담실에서는 본인으로서는 어찌할 수 없는, 알 수 없는 외로움과 공허감을 견디지 못해 술, 담배, 게임 중독, 부적절한 이성 관계 등 자칫 자기 자신을 망가지게 하는 것들에 몰두하는 사례들을 심심치 않게 만나게 된다. 대개 이런 경우는 부모와의 애착 결손이 근원인 경우가 적지 않다.

사랑받지 못한 채 자란 아이들이 성장하며 느끼는 외로움은 갈증, 혹은 허기와 닮아 있다. 어린 시절 배를 곯고 자란 사람이 자수성가한 후에도 늘 허기진 기분을 느끼듯, 흔히들 애정 결핍이라고 하는 애착 결손을 방치하면 강한 스트레스 상황에 맞닥뜨리거나 여러 스트레스가 겹치게 되는 상황에서 스스로 극복해 내지 못하고 반드시 문제를 일으킨다.

인간은 누구나 스트레스 상황에서 위로받고 의지할 수 있는 특별한 존재, 의미 있는 존재significant figure가 필요하다. 태어나 우리가 만나는 첫 번째 특별한 존재는 부모 혹은 주 양육자이다. 생의 초기에 이 첫 번째 존재와의 관계에서 애착을 안정적으로 형성하지 못하면, 성장하면서 만나게 되는 여러 가지 도전과 역경에서 많은 어려움을 겪게 된다. 그리고 이 어려움을 어떻게든 피하려고 선택한 방법이 때로는 자기 자신에게 해를 끼치기도 한다.

배가 고프다고 아무거나 먹고, 목마르다고 아무거나 마시지 않듯이, 외롭다고 서둘러 다른 무엇으로 마음을 채우려 들지 말아야 한다. 내 뼈를 튼튼하게 하고 적당한 근육을 만들어 줄 수 있는 양질의 음식을 선택하려 애써야 한다. 혹 실수해도 괜찮다. 나 역시 실수했던 때가 많았지만, 실수로부터 배우려고 노력했다. 위기도 있었고 시련도 있었지만, 비틀거릴지언정 넘어지지 않았고, 넘어졌어도 다시 일어섰다. 물론 쉬운 일은 아니다. 의지와 인내, 끈기가 필요한 건 당연하다. 달리다가 넘어졌을 때 다리의 근육을 이용해 일어나듯이, 마음이 넘어졌을 때는 마음의 근육을 이용해 일어서야 한다. 이 근육이 자리 잡기 위해서는 의지와 인내 같은 요소가 필요한 것이다.

내 경우에는 부모로부터 안정적인 사랑과 정서적 지지를 받지 못했지만, 학교에서 만났던 친구들과의 우정이 그 자리를 어느 정도 대신해 주었다. 하지만 일에 치여 살다 보면 옛 친구들과 멀어지기도 하고, 그러다 보면 나를 사랑하고 믿어 주는 한결같은 사람이 주위에 아무도 없는 것 같다는 생각이 들기도 한다. 그럴 때는 스스로 자기 자신을 믿어야 한다.

많은 이들이 말하듯 우울은 감기와 같다. 감기 초기에 의사나 약사의 도움을 받으면 짧게 앓고 지나가듯이, 우울 역시 전문가를 찾아 상담 또는 심리 치료를 받는 것이 바람직하다. 체력과 면역력이 약해졌을 때 감기를 오래 앓으면 합병증이 생기듯, 우울도 자아가 약한 상태일 때 오래 앓으면 다른 심리적 문제까지 겹쳐 합병증이 생길 수 있다.

보건복지부가 2017년에 발표한 「2016년도 정신 질환 실태 역학조사」 결과에 따르면 우리나라 성인의 우울증(주요 우울 장애) 평생 유병률*은 약 5.0%(男 3.0%, 女 6.9%)이다. 1년 유병률**은 약 1.5%(男 1.1%, 女 2.0%)로, 1년간 우울 장애로 진단을 받은 사람은 약 61만 명으로 추정된다. 우울 장애로까지 진단받을 만큼은 아니더라도, 상당한 우울을 경험하고 있는 사람들의 수는 이보다 훨씬 많은 수치라는 걸 짐작할 수 있다.

혹 이 글을 읽고 있는 요사이 기분이 가라앉고 우울한 것 같다면, 다음 페이지에서 소개하는 질문지[10]를 통해 스스로 점검해 보기를 바란다.

하지만 우울이 그리 심각하지 않고, 스스로 극복할 여지가 있는 단계라면 아래에 소개하는 몇 가지 방법을 활용해 보기를 적극 추천한다. 우울한 기분을 갈무리하는데 효과적인 방법으로 일명 '우울 자가 관리법self-help'이라고 할 수 있다.

* 평생 동안 한 번 이상 정신 질환에 이환된 적이 있는 사람의 비율.

** 지난 1년 간 한 번 이상 정신 질환에 이환된 적이 있는 사람의 비율.

● 지금, 내 기분은 어떨까? ●

일주일 동안 얼마나 자주 이런 감정을 느꼈는지 체크해 주세요.

문항	내용	지난 일주일 가운데				2주간 거의 매일
		1일 미만	1~2일	3~4일	5~7일	
1	식욕이 없었다.	⓪	①	②	③	④
2	울적한 기분을 떨쳐 버릴 수 없었다.	⓪	①	②	③	④
3	무슨 일을 하든 정신을 집중하기가 힘들었다.	⓪	①	②	③	④
4	상당히 우울했다.	⓪	①	②	③	④
5	잠을 설쳤다(잠을 잘 이루지 못했다).	⓪	①	②	③	④
6	마음이 슬펐다.	⓪	①	②	③	④
7	도무지 뭘 해나갈 엄두가 나지 않았다.	⓪	①	②	③	④
8	나를 행복하게 하는 것은 아무것도 없었다.	⓪	①	②	③	④
9	내가 나쁜 사람처럼 느껴졌다.	⓪	①	②	③	④
10	일상 활동에 대한 흥미를 잃었다.	⓪	①	②	③	④
11	평소보다 훨씬 더 많이 잤다.	⓪	①	②	③	④
12	내 움직임이 너무 둔해진 것처럼 느껴졌다.	⓪	①	②	③	④
13	안절부절못했다.	⓪	①	②	③	④
14	죽었으면 하고 바랐다.	⓪	①	②	③	④
15	자해하고 싶었다.	⓪	①	②	③	④
16	항상 피곤했다.	⓪	①	②	③	④
17	나 자신이 싫었다.	⓪	①	②	③	④
18	(살을 빼려고) 노력하지 않았는데 몸무게가 많이 줄었다.	⓪	①	②	③	④
19	잠들기가 많이 힘들었다.	⓪	①	②	③	④
20	중요한 일에 집중할 수가 없었다	⓪	①	②	③	④

총 20개 문항으로, 0점에서 80점까지 평가가 가능하다. 13점을 넘으면 우울하다고 판단할 수 있어 주의가 필요하다.

• 외롭고 우울할 때 •

20여 년 전, 학회 참석차 미국에 처음 갔을 때 TV에서 우울증 약 광고를 보고 깜짝 놀랐던 기억이 있다. 우리나라도 머지않아 감기약이나 소화제처럼 우울증 약 광고를 TV 화면으로 만나게 될지도 모를 일이다. 하지만 심리적인 문제는 약으로 치료할 만큼 심각해지기 전에 미리미리 예방하고 적극적으로 대처하는 것이 현명하다. 장애 진단을 받을 만큼 심각한 사례가 아니라면, 세계보건기구에서 제안하는 우울 자가대처법을 따라 해 보는 것도 좋다.

- 믿을 수 있는 사람과 자신의 감정에 대해 이야기하세요.
- 전문가의 도움을 구하세요.
- 적절한 도움은 우울증을 완화할 수 있다는 것을 기억하세요.
- 잘 지냈을 때 즐기던 활동을 지속하세요.
- 가족, 친구와 지속적으로 연락을 유지하세요.
- 짧은 산책이라도 정기적으로 운동하세요.
- 규칙적인 식사와 수면 습관을 유지하도록 하세요.
- 누구나 우울증에 걸릴 수 있다는 것을 받아들이고, 그 상황에 적응하여야 합니다.
- 알코올 섭취를 피하세요.
- 자살 충동을 느낀다면 반드시 다른 사람에게 도움을 요청하세요.

〈세계보건기구(WHO)에서 제안하는 우울 대처법〉

● 우울 자가 관리법 ●

◑ 추억 소환하기

외로움이나 우울감이 마구 밀려들 때면 과거에 즐겁게 하던 일을 다시 해 보자. 비 오는 날이면 따뜻한 아랫목에서 김치부침개를 먹던 어린 시절의 기억을 떠올리며, 실제로 김치부침개를 만들어 먹는 것, 혹은 낡고 오래된 이불을 덮고 그 냄새를 맡으며 잠을 청하는 것과 같은 일이라도 괜찮다.

외롭고 혼자가 두려운 날에는 잠시 쉬고, 어제를 소환하는 것이 좋다. 오늘 우리가 느끼는 외로움은, 마음의 빈 공간에 따뜻했던 혹은 그리운 기억으로 채우라는 신호인지도 모른다. 다 큰 어른인 것처럼 흉내 내며 사느라 지친 오늘의 나를 잠시 내려놓고, 먼 과거의 철없던 시절의 어린 나로 돌아가 딱 그때처럼 스스로 어리광 피우는 것을 허락하자. 건강한 퇴행이 필요할 때 의도적으로 과거의 기억을 선택하는 것은 효과적인 셀프 케어 방법이다.

◑ 오랜 친구와 수다 떨기

유달리 외롭고 우울한 날엔 오랜 친구에게 전화를 걸어 보자. 혹 통화가 어렵다면 문자 메시지나 이메일로 안부를 묻자. 힘들다면 힘들다고, 외로우면 외롭다고 징징거려도 보자. 어른이 되고 나면 우리는 알게 된다. 때로는 우리를 낳아 준 부모나 피붙이 형제보다 친구에게서 더 공감을 잘 얻고 위로받을 수 있다는 사실을. 오래된 친구는 아무리 오랜만에 연락해도 분명 당신에게 따뜻한 응원을 보내 줄 것이다. 그러나 한 가지 기억해야 할 점은 혹시 친구가 연락을 받지 않는다고 해도 상처받지 않을 용기를 지니는 일이다.

◑ 나에게 쓰는 편지

힘들 때 비빌 언덕이 되어 줄 친구마저 없다면, 자기 자신에게 쓰는 편지도 괜찮다. 대부분의 이메일 계정에 마련된 '내게 쓰기'를 활용해 과거 어느 때 행복했던 나에게, 그나마 지금보다 좀 나았던, 혹은 찬란하게 반짝였던 시절의 나에게 속마음을 털어놓자. 혹은 몇 년 후 미래의 나에게 쓰는 편지도 좋다. 지금 당장이 아니라 시간이 흐른 뒤 받아볼 수 있도록 예약 발송하는 것도 좋은 방법이다.

포털마다 다르겠지만, 네이버의 경우 최대 5년 후까지 예약 발송이 가능하며, 최대 30통까지도 가능하다. 짧게는 몇 주 후부터 몇 개월 또는 수년 후까지 다양하게 설정할 수 있으니, 자기에 관한 뜻밖의 기록이 될 수 있다. 미래에 편지가 도착하면 읽고 답장을 써도 좋다. 어제의 나, 지금의 나, 그리고 내일의 나를 연결 짓는 '자기 연결감'을 심리학에서는 매우 중요하게 여긴다. 편지쓰기를 통한 자기 자신과의 내적 대화는 상담의 본질이기도 하며, 자기 성찰을 통한 내적 성장에 도움이 되는 글쓰기 치료이기도 하다.

◑ 마음껏 퇴행하기

오래된 물건이나 의미 있는 물건을 꺼내 보면서 과거의 나와 오늘의 나를 연결 짓는 일도 심리적 안정을 위해 좋은 방법이다. 애착 결손이 있었던 나는 어릴 때부터 옛날 물건들을 좋아했다. 오래된 가구나 낡은 베개, 이불, 오래된 책과 낡은 옷에서 나는 냄새와 그 세월의 흔적이 좋았다. 그것들을 바라보고, 만지고, 함께 얽힌 시간을 회상하면서 현재의 근심을 잠시나마 잊을 수 있었다. 이 습관은 과거의 나와 현재의 나를 연결시켜 주는 닻줄 같은 힘이 된다. 미래라는 망망대해를 향해 외로운 항해를 해야 하는 나의 '오늘'을 위해, 지나온 '어제'의 시간들이 닻을 내려 준다. 항구에 정박한 배처럼 잠시 그렇게 닻을 내린 뒤에는 다시 먼 바다를 향해 나아갈 수 있었고, 알지 못하는 미래를 향하는 두려움과 외로움을 마주할 용기를 얻었다.

무엇이든 좋다. 자신이 심리적으로 안정감을 느낄 수 있도록 도움을 주는 물건이 있다면 적극 활용하기를 바란다. 우리에게 안전 기반으로서의 역할을 하는 물건들은 백화점 판매대에 놓인 화려하고 비싼 신상품이 아니다. 우리들의 기억과 이야기가 숨처럼 살아 있는, 낡고 오래된 물건들이다. 보물처럼 잘 간직하고 있다가 외롭고 힘든 날 소중하게 꺼내 마음을 달래는 데 쓰자. 잠시 과거로의 시간 여행을 보내줄 수 있는 그 퇴행의 시간은 새로운 날을 위한 충전의 시간이 될 것이다.

2. 불안, 우리가 살아 있다는 증거

인생에 대해, 삶에 대해 고민해 보지 않은 사람이 있을까? 무엇을 하며 살아야 할지, 무엇을 위해 살아야 할지, 또 어떻게 살아야 할지 살아오며 한 번도 고민해 본 적 없는 사람은 아마 없을 것이다. 누구나 한번쯤, 혹은 퍽 자주 삶의 고뇌에 빠졌던 경험이 있을 것이다. 잠시 읽기를 멈추고 지난날을 한번 돌아보자. 처음 그런 고민을 했던 때가 언제였던가, 그때 당신은 어떤 계기로 그런 고민을 했던가, 가장 최근에 이런 고민했던 때는 언제였던가. 이 책을 펼쳐 든 지금이 바로 그런 때는 아닌가, 그런 물음이 당신에게 남긴 것은 무엇인가.

고등학교 3학년이 되는 여학생이 겨울 방학 중에 상담실을 찾았다. 소녀는 입시를 코앞에 둔 불안 때문인지 자려고 누우면 가슴이 벌렁거린다고 호소했다. 다른 데로 주의를 돌리려 유튜브며 웹툰을 보다 보면 새벽 서너 시까지 스마트폰을 보게 되고, 그러다 보면 다음날 한낮까지 잠을 자게 된다고 했다. 늦게 일어나니 밤에는 또 잠이 안 오는 악순환이 이어졌다. 깨어 있을 때도 상황은 비슷했다. 잡념은 흐르고 흘러 항상 미래에 대한 불안, 고3 생활에 대한 불안으로 이어진다고 했다. 소녀는 한눈에 보기에도 꽤 힘들어 보였다.

가족 간의 관계도 문제였다. 소녀의 엄마는 아이의 불안이 무엇인지에는 관심을 두려 하지 않았다. 스마트폰을 달고 사는 소녀의 행동만 문제 삼았고, 집에서는 날마다 소녀와 엄마 사이에 고성이 오갔다. 스마트폰을 둘러싼 모녀 간 갈등이 점점 심해지자, 견디다 못한 아버지가 딸과 함께 상담실을 찾은 것이었다.

이 경우는 소녀의 문제가 스마트폰 과다 사용이라는 행동으로 드러났지만, 사실 그 기저에는 앞으로의 삶에 대한 불안이었다. 이 불안은 이제 대학 입시를 코앞에 둔 대한민국 고3 학생이라면 지극히 당연한 일이다. 이런 유형의 불안은 상급 학교 진학을 앞두거나, 취직 혹은 결혼, 이주 등을 앞둔 생애 전환기transition period에 누구나 경험할 수 있는 성질의 것으로서, 사실 자연스러운 불안이다.

인생에 대해, 삶에 대해 고뇌했던 경험이 있다는 것은 생명을 가진 존재로서 인간에게는 지극히 자연스러운 일이다. 어떤 생명체도 인간처럼 자신의 존재에 대해 의문을 제기하지 않는다. 인간 못지않게 고도로 발달된 사회체계를 형성하며 살아간다고 알려져 있는 꿀벌이나 개미를 보자. 조직화된 사회를 구성하여 매우 기능적으로 살지만, 결코 우리 인간처럼 삶에 의구심을 갖거나 고민하지 않는다. 오직 인간만이 생의 한가운데 서서 자신의 존재 이유와 삶을 고뇌한다.

최근 불안과 두려움에 압도되어 상담실을 찾는 사람들이 많다. 어떻게 살아야 할지, 뭘 해야 할지 몰라서 막막하고, 이대로 괜찮은지, 분명히 문제가 있는 것 같은데 그렇다고 뭘 해야 할지도 모르겠다는 게 주된 호소다. 이런 내적 갈등으로 불안해 하다 보면, 불안해서 쉬이 잠들 수가 없어지고, 뭘 먹어도 맛있는 줄 모르게 되며, 급기야 삶의 의욕을 잃었다고 말한다.

누구라도 자신에게 이런 증상이 나타난다면, 불안을 일으키는 원인이 무엇인지 잘 들여다보아야 한다. 만약 삶을 어떻게 채워가야 할지, 어떻게 살아야 할지 알 수 없어 불안을 느낀다면 안심해도 좋다. 이것은 고차원적인 지성이 살아 있다는 신호이고, 지극히 정상적으로 지성이 활동하는 사람의 특징이다. 결코 정신건강에 적신호가 켜진 것이 아니다. 이런 불안은 나침반의 떨림과 같은 것으로 우리의 영혼이자 깊은 내면의 진정한 자기가 보내는 일종의 신호 같은 것이다. 어떠한 흔들림도 없이 오직 한 곳만을 고정적으로 가리키는 나침반은 고장 난, 존재 이유를 잃은 나침반이다. 나침반이란 모름지기 방위를 가리키기 위해 방향을 찾느라 끊임없이 떨리기 마련이다. 떨리지 않는 나침반이 오히려 문제인 것이다.

실존주의 정신의학자 빅터 프랭클에 따르면 우리 인간은 의미를 찾기 위해 창조된 '의미 존재'이다. 삶의 의미와 자신의 존재 이유를 찾느라 불안과 두려움을 경험하는 건 당연하다. 오히려 이러한 종류의 불안과 두려움을 피하려 하거나 느끼지 않으려 할수록 마음의 병을 초래한다. 맹렬히 눈앞의 것을 쫓아 열심히 움직이지만, 자신의 삶이 어디로 향하는지도 모르는 채 앞으로 달리기만 하는 좀비가 되고 마는 것이다. 매일매일 성실하게 등하교하고 출퇴근하면서 시키는 것만 맹목적으로 하는 사회화된 좀비 말이다. 이들에게는 너무 바빠 고뇌할 시간이 없다. 그저 자신에게 맡겨진 일을 할 뿐 진정한 자기 내면의 목소리에 귀를 기울이지 않으므로 당연히 자기 목소리를 듣지 못한다. 숨 고르며 더 나은 삶을 위해 자기 자신을 성찰하는 수고로움은 귀찮기만 할 뿐이다.

그러니 어떻게 살 것인지, 혹은 무엇을 위해 살아야 할지 불안하고 막막하다면, 어떤 면에서는 오히려 기뻐해야 할 일이다. 성숙한 지성을 가진 사람일수록 이런 종류의 고뇌는 깊은 법이니까. 일개미, 수개미, 여왕개미는 각자 직분에 맞는 목적을 추구하며 조직적으로 협동하며 산다. 그렇지만 그들의 사회는 역사와 의미가 없다. 기계적으로 열심히 맹렬하게 어떤 성취를 이룰지라도, 떨림 없이 불안 한 번 경험하지 않은 채 사는 삶은 개미 사회의 일개미와 같은 삶이다.

또한 빅터 프랭클은 그의 저서에 이렇게 썼다. '고뇌하고 분투해 가며 자신의 일과 삶에서의 의미를 충실히 따라가려는 단순하고 평범한 사람이, 수백만 명의 운명을 말 한마디로 좌지우지하는 양심 없는 어느 정치인보다 훨씬 위대하다. 또한 옳은 길을 걸으며 바르게 살아가려고 애쓰는 평범한 사람의 삶이, 많은 환자의 생명을 책임지고 있으면서도 본래의 사명을 충분히 의식하지 못한 채 기계적으로 수술에 임하는 유명한 외과의사의 삶보다 한층 고귀하다'. 앞서 말한 이야기와 같은 의미일 것이다.

언제부턴가 욜로YOLO, You Only Live Once가 전 세계적으로 유행이다. 한 번뿐인 인생, 미래를 위해 현재를 희생하기보다 지금 현재를 즐기라는 뜻이다. 또 이렇게 사는 사람들을 가리켜 '욜로족族'이라 부르며 마치 신인류라도 등장한 듯 환대한다. 그들은 미디어에 자주 등장하며 관심을 받기도 한다. 미래의 성공을 위해 현재의 만족을 희생하며 견디기엔, 현실이 너무 암울하기 때문일 것이다. 취업도 어렵고, 취업이 된다고 해도 정년을 보장받을 수 없고, 직장에서 열심히 일한다 해도 내 집 한 채 마련할 수 없는 우리 사회의 현실이 너도나도 자조적으로 욜로족을 자처하게 만드는 게 아닐까.

지금 현재를 즐기라는 것은 일리 있는 말이다. 불확실한 미래보다 지금 내 앞의, 현재에 집중하는 것이 뭐가 나쁘겠는가. 일에 치여 매일매일 똑같이 사느니 당당히 사표를 던지고 퇴직금으로 세계 일주 여행을 떠나는 것도, 폼나는 신형 자동차는 못 사지만 갖고 싶었던 자전거를 구입해서 동호회 활동을 하는 것도, 오늘의 행복을 내일로 미루지 않는 적극적인 선택이라면 괜찮다. 비록 내 집은 마련하지 못할지라도 지금 살고 있는 전셋집을 예쁘게 꾸미고 내 집이라고 여기며 사는 것 또한 분명 행복이다. 확실한 오늘의 행복이 불확실한 미래의 행복에 비해 결코 가볍지 않기 때문이다.

그러나 '건강'보다는 '맛'을, 적극적인 '의미'보다는 수동적인 '쾌락'을 추구하는 경우는 다르다. 미래의 행복은 오늘, 지금, 이 순간이 모여 현실로 구체화된다. 마찬가지로 미래의 불행도 오늘 내가 보낸 순간순간이 모여 이루어진다. 식후 디저트로 좋아하는 초콜릿을 매일 먹고 자기 전 양치질이 귀찮다고 하지 않으면 결과는 뻔하다. 지금 당장의 쾌락과 만족이 필요하지만, 더 나은 미래를 위해 오늘 내가 해야 할 것들을 선택하고 결정하는 것은 더욱 중요한 일이다.

'이 순간의 즐거움과 만족'은 죽기 전에 내가 꼭 이루고 싶은 '나만의 꿈'과 같은 방향을 가리킬 때 더욱 가치 있다. 절제를 모르는 쾌락은 길들여지지 않은 반려견과 같다. 한번쯤은 자유롭게 뛰놀 수 있게 드넓은 들판에 풀어줄 필요도 있지만, 주인이라면 마땅히 사람들과 어울려 지낼 수 있도록 잘 길들여야 할 책임이 있는 것이다. 그렇지 않으면 아무 데서나 용변을 보거나, 밤낮으로 시끄럽게 짖어대어 함께 사는 식구들의 삶은 물론 이웃의 자유와 권리도 침해해 분란을 일으킬 것이다.

'You Only Live Once!'의 의미를 다시 생각해 보자. 정말 광고 문구처럼 '한 번 사는 인생, 마음껏 즐겨라!'로 풀이하는 게 맞을까? 지각없는 사람들로부터 더 많은 소비를 유도하기 위한 상업적 광고와 마케팅의 영향은 아니었을까? 어차피 못 이룰 꿈 따위 잊어버리고, 오늘을 즐기라고 유혹하는 악마의 속삭임은 아닐까? 어쩌면 팍팍한 현실에 지친 우리에게 그나마 남아 있는 소박한 꿈의 저장고마저 탈탈 털어내어 지갑을 열게 하려고 치밀하게 짜인 물질주의 담론은 아닐까?

우리말로 옮긴다면 '한 번뿐인 인생인데!' 정도로 해석되는 이 문장 어디에도 '그러니 마음껏 소비하라'라고 명시되어 있지 않다. 그래서 대부분의 경구들이 그렇듯이, 이 문장 역시 풀이하기에 따라 다른 의미가 되기도 한다. 어떤 이에게는 내일은 잊고 오늘을 즐기라는 메시지로 읽히겠지만, 내 입장에서 이 경구는 실존주의 철학의 명제들을 담고 있다. '그러니 오늘을 의미 있게 보내라' 혹은 '단 하루도 허투루 보내지 마라'라는 의미로 풀이해야 옳다. 인간의 필연적 조건인 고독과 불안, 삶의 유한성에 맞서 삶의 의미를 추구해야 할 자유와 책임에 관한 준칙인 것이다.

한 번뿐인 인생, 미래를 위해 참기보다 지금 이 순간을 즐기라고 유혹하는 자들의 속삭임에 솔깃한가? 모른 척 속아 넘어가는 편이 고뇌할 필요 없이 불안을 피할 수도 있을 것 같아 마음이 편한가? 치과의 드릴 소리를 무서워하면서도 당장의 만족을 위해 사탕을 즐겨 먹고 양치질하기를 싫어하는 건 어린아이일 때나 흉이 아니다. 어른이라면 현재의 행동이 미래의 결과가 된다는 사실을 정확하게 인지해야 한다. 생이 불안정하고 미래가 불투명할수록 오늘을 의미 있게 보내야 하는 이유다.

지금까지 삶에 대한 불안, 즉 실존적 불안에 대해 알아보았다. 그러나 꼭 그렇지 않더라도 뭔가 모르게 불안이 엄습해 오고 힘들다면, 특질 불안trait anxiety 또는 상태 불안state anxiety의 가능성을 고려해 봐야 한다. 이 불안이 어느 정도이느냐에 따라, 무엇에 대한 불안이느냐에 따라 치료법도 달라진다. 생의 전환기에 경험할 수 있는 자연스러운 불안이 아니라, 매사 불안하고 그로 인해 일상생활에 지장을 받을 정도라면 주의 깊게 살펴야 한다.

현대인들은 누구나 어느 정도의 불안 문제를 지니고 있다. 자신의 불안이 어느 정도인지, 전문가의 도움이 필요한 정도의 불안인지 궁금하다면 다음에 소개하는 질문지[11]를 활용해 보자. 소개하는 질문지는 비교적 일시적인 상태 불안을 알아보기 위한 것이다. 원래는 일반인들의 불안 증상을 측정하기 위한 도구로 개발되었지만, 임상군의 불안 측정에도 유용하다고 밝혀졌다.

● 내 마음이 흔들릴 때 ●

문항	내용	전혀 그렇지 않다	조금 그렇다	보통으로 그렇다	대단히 그렇다
1	나는 마음이 차분하다.	④	③	②	①
2	나는 마음이 든든하다.	④	③	②	①
3	나는 긴장되어 있다.	①	②	③	④
4	후회스럽고 서운하다.	①	②	③	④
5	나는 마음이 편하다.	④	③	②	①
6	나는 당황해서 어찌할 바를 모르겠다.	①	②	③	④
7	나는 앞으로 불행이 있을까 봐 걱정하고 있다.	①	②	③	④
8	나는 마음이 놓인다.	④	③	②	①
9	나는 불안하다.	①	②	③	④
10	나는 편안하게 느낀다.	④	③	②	①
11	나는 자신감이 있다.	④	③	②	①
12	나는 짜증스럽다.	①	②	③	④
13	나는 마음이 조마조마하다.	①	②	③	④
14	나는 극도로 긴장되어 있다.	①	②	③	④
15	내 마음은 긴장이 풀려 푸근하다.	④	③	②	①
16	나는 만족스럽다.	④	③	②	①
17	나는 걱정하고 있다.	①	②	③	④
18	나는 흥분되어 어쩔 줄 모르겠다.	①	②	③	④
19	나는 즐겁다.	④	③	②	①
20	나는 기분이 좋다.	④	③	②	①

● 결과 ●

모두 합산한 점수가 '지금' 당신이 느끼는 우려, 긴장, 신경과민, 걱정 등을 나타낸다고 볼 수 있으며, 현재 당신이 느끼는 불안의 강도를 나타낸다. 국내 연구에서 대학생 816명을 대상으로 했을 때 평균 42.5(표준편차 9.9)점이었던 것으로 보고된 바 있다. 해석 기준은 총점이 52점 이상 56점 이하이면 상태 불안이 약간 높은 것으로, 57점 이상 61점 이하이면 상태 불안 수준이 상당히 높은 것으로, 62점 이상이면 상태 불안 수준이 매우 높은 것으로 풀이한다.

항목	점수 분포			
총점 * 해당 칸에 O표하시오	52점 이하	52~56점	57~61점	62점 이상
의미	불안이 없는 양호한 상태	불안이 약간 높은 상태	불안이 높은 상태	불안이 매우 높은 상태

앞서 우울을 점검했을 때 13점 이상 나왔거나, 지금 상태 불안을 점검했을 때 불안이 높은 상태로 나왔다면, 상담사를 찾을 것을 권한다. 간혹 어떤 자격증을 갖춘 상담사를 찾아야 하는지 문의해 오는 분들이 있다.

상담사 자격증을 갖고 있다고 해서 덮어놓고 믿을 일이 아니라, 상담자가 보유한 자격증이 어떤 자격증인지 발행 학회와 기관의 명칭을 꼼꼼히 확인해 보는 것이 필요하다. 대학원에서 상담 및 임상을 전공하여 석사학위를 취득하고, 자격시험과 수년에 걸친 실습 수련

과정을 거친 후, 최종 자격심사와 면접시험을 통과해야만 어렵사리 취득 가능한 자격증이 믿을 만한 자격증이라 할 수 있다. 대표적인 민간자격증으로는 한국상담심리학회(www.krcpa.or.kr)에서 인증하는 '상담심리사' 혹은 한국임상심리학회(www.kcp.or.kr)에서 인증하는 '임상심리사', 한국상담학회(www.counselors.or.kr)에서 인증하는 '전문상담사', 그리고 국가자격증으로는 보건복지부가 인증하는 '정신보건임상심리사'와 '청소년상담사' 정도가 국내 학계에서 인정하는 주요 자격증이다.

물론 방금 소개한 자격증을 취득한 상담자라고 해서 무조건 좋은 상담자라고 할 수는 없겠지만, 적어도 상담자로서의 교육과 수련에 있어 질적인 부분에서의 최소 요건을 갖추도록 엄격히 자격관리를 하고 있다는 점에서 믿을 만한 자격증이라는 데 이견이 없을 것이다. 각 학회나 기관의 홈페이지에서 자신의 거주지역이나 근무지 근처의 전문가를 검색해 볼 수도 있으니, 참고하기 바란다.

3. 피할 수 없는 고통에 대처하는 우리의 자세

실존주의 심리학자들은 생명이 있는 한 불가피하게 겪을 수밖에 없는 비극 세 가지로 고통, 죄의식, 죽음을 꼽는다. 세상을 살아가며 겪는 우리의 고통, 죄의식, 그리고 삶의 유한성 즉, 죽음에 대한 우리의 자세가 어떠한가에 따라 우리는 행복을 향해 한 발 더 다가갈 수도, 행복으로부터 차츰 멀어질 수도 있다. 고통이나 죄의식, 죽음을 피하려고만 하면 역설적이게도 불행의 나락으로 떨어진다. 인간이 가진 이 비극적 조건을 피하거나 싸우려고 하기보다 받아들일 때 건강하게 살아갈 수 있는 것이다. 십자가를 짐처럼 등에 짊어지기보다 아기처럼 품에 꼭 안고 갈 때 더 멀리 오래 걸을 수 있듯이 말이다.

40대 법조인 M에게는 발달장애를 앓는 아들이 있다. 10년 전, 아이가 30개월이던 무렵 발달장애 진단을 받았을 때 하늘이 무너지는 것만 같았다. 그녀는 모든 일을 접고, 집 안에서 아이만 돌보며 지냈다. 출산 후 아이를 시부모님께 맡긴 채 직장에 복귀했던 그녀는 모든 게 자기 탓인 것만 같았다. 임신 중에 일하느라 태교에 신경 쓰지 못했던 것, 시어머니와의 갈등이 아이에게 좋지 못한 영향을 준 게 아닌가 싶었다. 출산 후에도 마찬가지였다. 아이를 시부모님과 베이비시터의 손에 맡긴 채 일하느라 바삐 지냈던 지난 시간이 모두 죄스러웠다.

엄마로서 아이를 제대로 길러내지 못하고 아이를 장애아로 만들었다는 죄책감과 사람들이 자신을 어떻게 볼까 두려웠던 그녀는 일을 그만뒀다. 대신에 아이와 병원과 치료실을 오가며 감각 운동 치료, 작업 치료, 놀이 치료, 언어 치료를 받으러 다녔다. 그동안 제대로 돌보지 못했던 만큼 최선을 다해 아이의 치료와 교육에 몰두했다. 그녀는 아이의 장애를 인정할 수 없었다.

그렇게 1년쯤 흘렀을 때 점점 활기를 잃어가는 그녀에게 남편이 넌지시 이야기를 꺼냈다. 언어 치료든 특수 교육이든 아이의 문제는 좋은 기관의 전문가에게 맡기고, 취미 생활을 하고 친구도 만나면서 지내는 게 어떻겠냐고. 덧붙여 상담을 받아보는 게 어떻겠냐고 조심스레 말을 하면서, 이러다 그녀가 어떻게 될까 두렵다며 눈물지었다.

온통 아이 문제로 정신을 빼앗긴 채 지내왔던 그녀는 그제야 자신의 모습이 눈에 들어왔다. 아이 문제와 관련하여 죄책감과 절망이라는 고통에 허우적대며, 오직 아이를 낫게 하겠다는 일념 하나로 버틴 1년이었다. 그리고 그 1년은 자기 자신을 전혀 돌보지 못한 채 어두운 터널 속에 스스로를 가두었던 시간이었다.

M은 활달한 성격의 여성으로 로펌에서 승승장구하던 역량 있는 법조인이었다. 결혼을 하고 이내 찾아 온 임신이 달갑지 않았지만, 커리어에 지장이 없도록 지원해 주겠다는 시부모님과 남편의 말을 믿은 채 합가를 결정하고 아이를 낳았다. 그런 그녀에게 아들의 장애 진단은 청천벽력과 같았다. 변호사로서 자신의 커리어를 걱정했고, 남들의 평판을 걱정했으며, 시어머니에게 책잡히고 싶지 않다는 생각에 매여 있었다. 시간이 흐르자 이 모든 것들이 자신의 이기심에서 비롯된 일이라는 자책으로 이어졌고, 갖가지 죄책감으로 뒤범벅되었다. 죄책감에 괴로울수록 아이를 치료하기 위해 백방으로 노력했지만, 그녀의 아이는 다른 아이들과는 확연히 다른 성장 과정을 보였다.

보다 못한 남편은 그녀를 멈춰 세웠다. 그의 결정은 시의적절했다. 남편과 함께 상담실을 찾았던 그녀는 1년간의 상담을 통해 아이의 장애를 받아들이고 자기 일을 되찾았으며, 아이의 장애와 더불어 살아가는 장애아 가족의 부모로서 자리를 잡아 갔다. 아이가 자라듯 그녀도 성장했던 것이다.

빅터 프랭클은 인간에게 세 가지 기본 가정을 제시하였다. 우리에게는 저마다 추구해야 할 '삶의 의미meaning of life'가 있고, 이 '의미를 찾으려는 의지will to meaning'가 삶의 동기이며, 우리의 태도 혹은 우리가 처한 환경을 바꿈으로써 이 '의지를 발휘할 자유 freedom of will'가 있다는 것이다. 실존주의 철학을 바탕으로 한 이 세 가지 가정은 매우 적극적이고 긍정적인 삶의 태도를 지향한다는 점에서 긍정심리와 통한다.

삶이 지루하고 따분한 사람 혹은, 의심과 절망에 가득 차서 살아갈 이유가 없다고 믿는 사람들은 자신의 실존에 눈을 감은 사람이다. 이른바 실존적 공허에 빠진 사람들로서 '실존적 신경증 existential neurosis'이라 불린다. 자신의 세계 안에는 저마다의 반짝이는 별이 있는데, 두꺼운 먹구름을 머리에 인 채 자신의 태양을 보지 못하는 사람이다. 하늘이 온통 검은 구름에 덮여 대낮에도 컴컴한 하루를 보내는 그런 날, 눈에 보이는 건 먹구름뿐이라 해도 우리는 구름 저 너머에 태양이 있다는 사실을 믿어 의심치 않는다. 지금 처한 현실이 아무리 팍팍하고 힘들어도 언젠가는 좋은 날이 오리라 믿어야 하고 절망스러운 상황에서는 그 어느 때보다도 희망을 가져야 한다. 역설적이게도 우리는 희망 없이는 결코 절망을 이겨 내지 못하기 때문이다.

저마다 살아가며 고통을 겪는다. 부모의 학대와 방임, 믿었던 친구나 연인의 배신, 직장에서의 따돌림, 실직, 사업 실패, 경제적 궁핍, 사고와 질병으로 인한 가족의 장애 혹은 죽음 등 살아가는 동안 셀 수 없이 많은 고통과 상실을 경험한다. 사랑이 충만한 가정에서 나고 자라 경제적으로 풍요롭고 사회적으로도 승승장구하는 사람이라고 해도, 남들이 모르는 힘겨운 고통이 있기 마련이다. 또한 고난에 겨운 힘든 삶을 사는 사람으로 보인다고 해서 불행하기만 한 것도 아니다. 진정한 행복은 눈에 보이는 물리적 현실 속이 아니라 보이지 않는 정신적 세계인 마음과 영혼에 속해 있기 때문이다.

우리는 고통 자체를 바꾸지 못한다. 좋은 부모를 선택해서 태어날 수 없고, 나에게 어떠한 해로운 영향도 끼치지 않을 친구를 미리 알아낼 수도 없다. 이미 일어났거나 경험하고 있는 고통에 대해서 우리는 우리의 태도에 주목해야 한다. 이미 일어나 버린 일은 되돌릴 수 없고, 되돌릴 수 없는 일에 대해 한탄하고 원망하며 시간을 허비하는 일만큼 헛된 일도 없다.

1980년대부터 미국과 영국 등에서는 오랜 종단 추적 연구를 통해 조실부모하거나 대형 재난 혹은 사고를 경험한 후에도 그런 사건을 겪지 않은 보통 사람과 비슷하게, 혹은 더 나은 성취를 이루어 내는 사람들에 대해 연구를 시작했다. 그리고 그 결과를 '리질리언스resilience'라는 이름으로 발표했다. 우리나라에서는 회복탄력성, 탄력성, 복원력, 적응유연성 등 다양한 이름으로 칭했지만 맥락은 같다. 역경에도 불구하고 역경으로 인한 부정적 영향을 극복해낸 사람들의 특징을 일컫는 말이다. 학대를 받았거나, 어려서 부모를 잃었거나, 큰 사고나 질병으로 신체적 장애를 겪는 등 삶의 큰 어려움을 겪었음에도 그러한 일을 겪지 않은 사람들보다 더 건강하고 행복하게 살아가는 사람들이 있다는 사실은 우리에게 많은 생각을 불러일으킨다.

어째서 이러한 일이 가능할까? 이는 '외상 후 성장PTG, post-traumatic growth'이라는 이름으로 증명되었다. 우리나라 사람들이 많이 사용하는 트라우마trauma는 학술 용어로 '심리적 외상'이라 하는데, '외상 후 성장' 혹은 '외상을 통한 성장'은 외상을 겪은 후에 오히려 그 전보다 더 튼튼하고 강해지는 것을 말한다.

일부러 고통을 만들 필요는 없겠지만, 살아가며 어쩔 수 없이 맞닥뜨리게 되는 시련과 고통에 대해서는 수용할 줄 아는 지혜가 필요하다. 그렇다고 해서 슬프고 아프다는 걸 부인할 필요는 없다. 고통은 고통이다. 다만 이 고통도 지나가리라는 것을 믿어야 한다. 그리고 무엇보다 자기 자신을 지켜야 한다. 든든한 나무처럼 두 발로 땅을 움켜쥐고 버텨야 한다. 생명이 있는 한 우리 영혼 깊은 곳에 움트는 '의미 씨앗meaning potential'을 잊어서는 안 된다. 그 어떤 고통이라 해도 우리가 고통임을 인식하는 순간 더 이상 고통이지만은 않다. 우리의 삶에서 맞닥뜨리는 고통스러운 일들을 선택할 수는 없지만, 그에 대한 우리의 태도는 선택하고 결정할 수 있기 때문이다.

자신이 통제할 수 있는 고통에 대해서는 그 고통을 다시 경험하지 않기 위한 전략과 계획을 세우자. 만약 자신이 통제할 수 없는 고통이라면 받아들이는 태도를 선택하자. 그것이 우리가 할 수 있는 가장 지혜로운 대처법이다.

4. 죽고 싶을 때 던져야 하는 질문

어느 날 백발이 성성한 노인이 상담실에 찾아왔다. 그는 40년 동안 개인병원을 운영해 온 의사였는데, 언젠가부터 온종일 기다려도 찾아 오는 환자가 한 명도 없다고 했다. 이제 자신은 할 일이 없어졌다고, 쓸모없는 노인으로 살 바에는 차라리 죽는 게 나을 것 같다고 쉰 목소리로 느리게 말했다. 나는 그에게 삶에서 진정으로 원하는 것이 무엇인지, 어떤 일이 있어도 포기할 수 없는 중요한 가치를 꼽는다면 그게 무엇인지 물었다. 그는 당연히 아픈 환자를 치료하는 일이라며, 그 일이 자신에게 얼마나 중요한 의미인지 눈을 빛내며 말했다.

매일 자신의 병원에 환자가 넘쳐나거나, 돈을 더 많이 벌고 싶다거나, 혹은 유명해지기를 바라는 게 아니었다. 그에게 어떤 일이 있어도 포기할 수 없는 단 하나의 중요한 가치는 아픈 사람을 치료하는 일이었다. 그렇다면 굳이 병원에 가만히 앉아서 환자가 오기를 기다리지 않아도 되지 않느냐고 물었다. 내 질문에 잠시 멍해진 그는 환자들이 있는 곳으로 찾아가는 진료를 하는 것이 자신이 원하는 가치를 실현하는 길임을 알아챘다. 이내 그의 얼굴에 미소가 번졌고 목소리에는 힘이 실렸다.

얼마 후 그는 병원 문을 닫았다. 왕진 가방을 메고 지역의 독거노인 가정을 정기적으로 방문하는 봉사활동을 시작했다. 그는 하루하루 기운을 잃으며 살 가치가 없다는 생각에 사로잡혀 있었지만, 다시 보람차게 새 삶을 살게 되었다. 생각을 조금 비틀어 태도를 바꾼 것만으로도 죽고 싶다는 생각에서 해방된 것이다.

죽고 싶다는 생각은 더 이상 희망이 없다고 느껴질 때, 절망에 자신의 마음을 온통 내어 준 뒤 얻게 되는 증상이다. 절망감에 빠진 순간, 자기 자신을 믿지 못할 정도로 기력이 쇠잔해지고 어떠한 희망도 없다고 자포자기할 때, 죽고 싶다는 생각이 밀려온다. 심리학에서는 이러한 인지적 증상을 '자살 사고suicide ideation'라고 한다. 이 위험한 생각에서 벗어나는 유일한 방법은 자기 자신에게 질문을 던지는 것이다. 한 번뿐인 이 삶에서 꼭 이루고 싶은 단 하나의 가치가 있다면 무엇인지, 어떤 일이 있더라도 포기하고 싶지 않은 나만의 가치가 무엇인지 묻는 것이다.

지금 나를 괴롭히는 그 사실이 내가 삶에서 중요하게 여기는 나만의 가치와 얼마나 깊이 관련 있는지, 나를 죽고 싶게 만드는 그 고통이 내 존재 가치와 내 삶의 의미를 훼손할 정도로 강력한지 자신에게 물어보자. 그렇게 묻다 보면, 그 고통이 내 삶을 의미 없게 만들 만큼 가치 있는 것이 아님을 깨닫게 된다.

대학원에 재학 중인 20대 여성이 상담실을 찾았다. 넥타이로 목을 매 자살을 시도했으나 몸무게를 이기지 못한 넥타이가 서서히 풀려 미수에 그친 뒤, 언니의 손에 이끌려 온 것이다. 상담실에서 마주한 그녀에게 죽고 싶을 만큼 자신을 괴롭게 한 것이 무엇이냐고 물었다. 그녀는 "수치스러워서"라고 답했다. 스물아홉의 젊은 여성이 죽음을 선택할 만큼 수치스러운 일이 과연 무엇이었을까.

그녀에게는 결혼을 약속한 남자 친구가 있었다. 그런데 그 남자가 회사 동료 여직원과 함께 2박 3일로 여행을 다녀왔고, 이 사실을 그녀가 알게 된 것이 이유라고 했다. 그녀의 논리는 이러했다. 친구들과 가족, 그녀를 아는 사람들 모두 자신이 그 남자와 결혼할 거라고 알고 있는데, 앞으로 어떻게 얼굴을 들고 살 수가 있느냐는 것이었다. 자존심 강한 그녀에게는 남자 친구의 배신, 그 자체보다는 그로 인한 자신의 사회적 이미지 훼손이 죽고 싶을 만큼 수치스러웠던 것이다.

내가 물었다. "다른 사람들의 시선이 남자 친구의 배신보다 더 중요하다면, 그 남자를 그렇게 사랑했던 건 아닌가 보군요?" 그녀는 답하지 못했다. 그리고 깨달았다. 자신이 사랑했던 건 그 남자가 아니라, 친구나 가족들이 보기에 그럴듯한 그의 조건이었다는 걸. 그러자 죽고 싶다는 생각이 눈 녹듯 사라졌다. 상담을 진행할수록 그녀는 둘의 관계가 이런 식으로 끝난 게 나은 것일 수 있다는 데까지 이르게 되었다.

그녀는 죽으려고 마음먹고 실제로 실행에 옮겼다. 하지만 상담을 통해 죽음의 실패를 다시 되돌아볼 수 있는 기회를 가졌다. 그리고 이를 통해 수치스러워서 이렇게는 살 수 없다고 생각한 것이지, 정말로 죽고 싶었던 것은 아니었음을 깨닫게 되었다. 그녀의 의식 속 자아ego는 죽고 싶었지만, 그녀가 당시에는 미처 알아차리지 못했던 내면의 진정한 자기true self는 죽고 싶지 않았던 것이다. 만약 정말로 죽고 싶었다면, 쉽게 풀리고 마는 아버지의 실크 넥타이로 목을 매지는 않았을 테니까. 이러한 결과를 융의 이론으로 풀이하자면, 무의식의 자기self가 죽음으로부터 그녀를 지켜냈다고 할 수 있을 것이고, 빅터 프랭클의 이론으로는 무의식의 신daemon이 그녀를 구했다고 할 수도 있을 것이다.

사람은 감정이 바닥으로 치달을 땐 깊은 내면의 자기 목소리inner voice를 듣지 못한다. 그래서 가끔 얕은 식견과 판단으로 자기 자신을 해치는 결정을 하고, 실제로 해치게 되는 경우도 생긴다. 바로 이런 때일수록 누군가와 이야기를 해야 한다. 진정한 자기 내면의 소리를 듣지 못하고, 생각mind에 사로잡힌 선부른 판단으로 무엇보다 소중한 자신의 가치와 삶을 스스로 저버리는 일이 없도록 말이다.

그녀는 상담을 통해 자신이 삶에서 중요하게 여기고 꼭 붙들고 싶어 하는 가치가 '사랑'임을 알게 되었다. 그러기 위해서는 자신이 다른 사람의 눈에 어떻게 비치는가보다 자기 자신을 오롯이 받아들이는 일이 중요하다는 사실을 깨달았다. 남들에게 사랑받고 인정받는 것이 몹시 중요했던 그녀는 자기 자신을 있는 그대로 받아들이기보다 늘 타인의 시선으로, 평가자의 시선으로 자신을 바라보았다. 그랬기에 언제나 잘하고 못하고를 기준으로 자기 자신에게 혹독했으며, 남자 친구와의 관계에서도 중요한 본질을 놓치고 있었음을 깨닫게 되었다.

그녀는 용서할 수 없는 수치를 안겨 준 남자 친구에 대한 분노를 가라앉혔고 차라리 이렇게 이별하게 된 것이 서로를 위해 바람직한 일이었을지도 모른다는 결론에 이르렀다. 그렇게 그녀는 자신의 내적 성장에 더 많은 시간과 정성을 기울이겠다는 결정을 하고, 새로운 삶으로 걸어 들어갔다.

우리 인간은 자기의 존재 가치self-worth를 잃을 때, 삶의 의미를 잃어버리고 절망하며 우울에 빠진다. 극단적인 자살 사고에 사로잡혀 실행에 옮기기도 하며, 더러는 그렇게 생을 마감하기도 한다. 살다 보면 누구나 어느 지점에서나 자신의 존재 이유에 대한 회의에 빠지게 된다. 하지만 그때야말로 이 삶에서 정말로 자신에게 중요한 게 무엇인지 묻고 또 물어야 한다. 이런 상황에 처한 사람들은 대개 혼자는 위험하다. 대화를 나눌 누군가가 필요하다. 훈련된 전문 상담자가 필요한 이유도 바로 여기에 있다.

육체적인 건강상의 문제가 있을 때 우리가 당연히 의사를 찾듯이, 심리적인 혹은 정신적인 건강상의 문제가 있다면 상담사를 찾아야 한다. 저절로 낫기를 바라기보다 전문가와 더불어 자기 가치와 존재 이유를 점검하는 것이 필요하다. 하나의 문이 닫혔다면, 다른 문 하나를 두드리면 될 일이다. 문을 통해 어디로 가고 싶은가가 중요하지, 단 하나의 문을 통해서만 가려고 할 필요는 없는 것이다.

첫 번째 사례의 의사는 환자들이 자신의 병원을 찾지 않는다며 우울해하던 것을 그만두고, 환자들을 직접 찾아가는 의사가 되기로 선택했다. 약혼자의 배신으로 인해 자신이 감당해야 할 사회적 평판 하락이 수치스러워 자살을 시도했던 젊은 여성은 남의 시선이나 평가보다 자기 자신을 있는 그대로 수용하고 사랑하기 위해 새로운 문을 열었다.

우리는 모두 탄력적일 필요가 있다. 삶에는 언제나 위기가 도사리고 있지만, 위기의 순간이 곧 우리를 성장으로 이끄는 기회이기도 하다. 인생은 도전과 응전이라 하지 않았는가. 끊임없이 흔들리며 제 방향을 가리키는 나침반처럼, 한 번에 제 길을 찾는 법이 없는 작은 개미처럼 우리는 삶 속에서 모두 이리저리 헤매며 저마다의 길을 찾아간다. 긍정심리학의 리질리언스와 외상 후 성장이라는 개념은 바로 이 점에 착안한 것이다. 불안과 시련을 피하려고 하기보다 그 고통과 함께 마주할 때 이전보다 더 건강하고 단단해지는 것은 바로 우리 인간이 지닌 고유한 정신의 힘이자 잠재력의 증거일 것이다.

절망적인 상황에서조차 가치 있는 삶을 향해 한 걸음씩 내딛기를 주저하지 않는 사람들이 있는가 하면, 절망적인 인생관으로 생명의 의미에 대해 회의적인 태도로 임하는 사람들도 있다. 삶에 아무런 의욕도 없고, 낙이 없는 이 삶을 계속 살아야 하는 이유를 모르겠다고 말하는 사람들 말이다. 믿기 어렵겠지만, 실제로 사람이 없는 외딴곳을 찾아가 죽으려고 집을 나서다 막상 그곳까지 가느라 드는 택시비가 아깝다는 생각이 들어 자살을 포기했던 사람이 있다. 생각해 보자. 그는 정말 죽고 싶었던 것일까? 죽음을 선택한 바로 그 순간에도 살아야 할 이유를 맹렬히 찾고 있었던 건 아니었을까? 아무도 없는 경치 좋은 곳에서 멋있게 혼자 죽고 싶었다는 그의 말은 반대로 '멋지게 살고 싶다'는 말은 아닐까? 죽기 위해 드는 비용이 아깝게 여겨졌다는 것은 그의 생명을 지키고자, 그리고 아직은 살아야 할 이유가 있다는 깨달음을 주고자 했던 진정한 자기 내면의 소리이지 않았을까?

희망은 항상 절망스러운 상황에 필요하다. 모든 것이 순조로운 삶보다 좌절과 아픔이 있는 삶일수록 더 필요한 것이 희망이다. 좁은 의미의 기쁨인 상태적 쾌락은 어떤 것에 '의한' 수동적 만족에 지나지 않지만, 가치 지향적 감정인 참 기쁨은 항상 어떤 것에 '관한' 기쁨이자 어떤 것을 '넘어선' 기쁨이다. 심리학적 차원을 넘어 영적 차원에 이르는 깊은 만족에서 오는 행복인 것이다. 이러한 참 기쁨은 내면의 가치를 자신의 삶 속에서 실행에 옮길 때 찾아 온다. 결국 우리가 어떤 가치관을 가지고 살아가느냐가 삶에서 맞닥뜨리는 고통과 역경 속에서도 희망을 갖고 살아가게 하는 중요한 요점이 된다. 고통스러운 상황 속에서도 단 한 번뿐인 이 삶에서 꼭 이루고 싶은 자신만의 가치, 그 창조적 가치를 삶 속에서 실행하는 힘 그것이 바로 희망이다.

Chapter 3

온전히
누리는 행복

매일매일 주어지는 오늘을 누리는 것만으로도 우리는 행복해질 수 있다. 그러려면 지금, 주변에서 일어나는 일에 맨가슴을 드러내고 그대로 느끼는 용기가 필요하다. 어떤 이들에게는 자기 내면에서 일어나는 일들을 알아차린다는 게 자연스럽고 쉬운 일이지만, 누군가에게는 상당히 어려운 일이기도 하다.

얼마전 tvN에서 방영된 드라마 〈눈이 부시게〉에도 긍정심리학과 맞닿아 있는 내용이 많이 등장했다. 이번 챕터의 서언으로 드라마 속 주인공 혜자의 대사를 옮겨 놓아도 좋을 것 같다.

"내 삶은 때론 휑했고 때론 행복했습니다. 삶이 한낱 꿈에 불과하지만 그래도 살아서 좋았습니다. 새벽에 쨍한 차가운 공기, 꽃이 피기 전 부는 달큰한 바람, 해 질 무렵 우러나오는 노을의 냄새, 어느 한 가지 눈부시지 않은 날이 없었습니다. 지금 삶이 힘든 당신, 이 세상에 태어난 이상 당신은 이 모든 걸 매일 누릴 자격이 있습니다. 후회만 가득한 과거와 불안하기만 한 미래 때문에 지금을 망치지 마세요. 오늘을 살아가세요. 눈이 부시게. 당신은 그럴 자격이 있습니다. 누군가의 엄마였고 누이였고 딸이었고 그리고 나였을 그대들에게."

1. 감정에도 이름이 있다

불쾌한 감정을 경험하고 싶은 사람은 아마 없을 것이다. 그러나 정서는 우리가 경험하고 싶은지, 아닌지와 상관없이 항상 우리 안에서 파도처럼 일렁인다. 빛 아래 있는 모든 물체들이 제 모양에 따라 그림자가 생기듯, 세상을 살며 경험하게 되는 사건들은 우리 내면에 정서라는 그림자를 남긴다. 유쾌하고 기분 좋은 양(+)의 정서든 불쾌하고 기분 나쁜 음(-)의 정서든 끊임없이 일어나기 마련이다. 이렇듯 필연적으로 경험하는 정서 반응에 대해 '부정적'이라는 이름을 붙여 부르다 보면 자칫 '부정적 정서=나쁜 정서'라는 사고의 오류를 낳게 될 우려가 있다.

우리가 어떤 정서를 느꼈다면 그것은 그렇게 느낄 만한 나름의 타당한 이유가 있다. 직장 상사로부터, 혹은 우연히 타게 된 택시에서의 운전기사로부터 적절치 않은 대우를 받았다면 당황스러움, 분노, 서러움, 두려움, 슬픔 등 불쾌한 정서가 촉발되는 것은 자연스러운 일이다. 그런데 이런 정서에 대해 부정적이라는 관형어를 붙여 부르는 습관이 들면, 우리도 모르게 자꾸 이런 정서를 피하게 된다.

명백하게 느껴지는 정서를 마치 느끼지 않은 것처럼 부인하기도 하고, 다른 정서인 것처럼 왜곡하기도 한다. 심한 경우에는 그 정서를 처음부터 느끼지 않은 것처럼 자기 자신을 속인다. 자기도 모르게 정서를 부인하고 회피하는 습관이 반복되다 보면 일종의 방어 기제가 작동된다. 자기 자신을 보호하기 위해 시작된 이 습관은 정서 경험에 무감해지는 결과를 초래한다. 정서에 무감해진다는 것은 관계를 그르치게 하고 행복 장애를 초래할 위험이 그만큼 높아진다는 것을 의미한다. 인간은 관계 속에서 느끼는 정서 경험으로 행복해질 가능성이 가장 높기 때문이다.

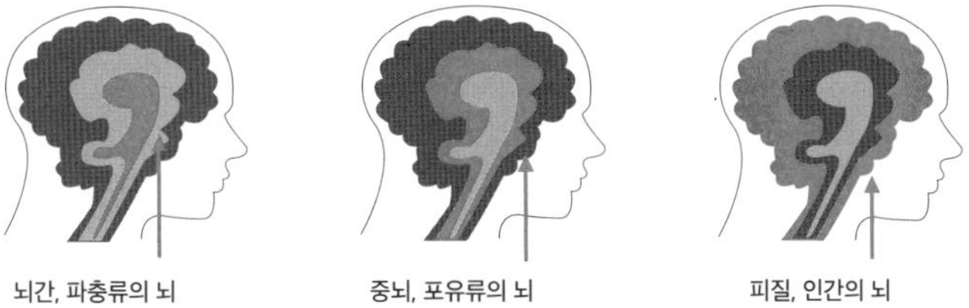

인간의 뇌 구조

우리 뇌는 '고등 포유류의 뇌'라 불리는 피질에서 복잡한 고차원적 기능을 수행하기도 하지만, '하등 포유류의 뇌'라 일컬어지는 중뇌와 '파충류의 뇌'라 불리는 뇌간처럼 단순하고 본능적 차원의 기능을 기계적으로 수행하기도 한다. 단순하고 기계적으로 기능하는 인간의 뇌는, 때때로 우리의 체세포들에게 부정적이고 좋지 않은 정서에서 빨리 도망가라는 명령을 내린다. 자기 인식이나 자기 조절 능력 없이 뇌의 명령대로 다른 화제로 넘어가거나 다른 일에 집중하면, 불쾌한 경험으로부터 도망가는 선택이 반복된다. 도망칠수록 도망쳐야 하는 상황이 자꾸만 만들어지는 것이다.

불쾌한 정서 경험에서 서둘러 벗어나려는 현상을 심리학에서는 '경험 회피'라고 부른다. 많은 현대인들이 과식, 과음, 게임이나 인터넷 과몰입, 충동적 쇼핑 등을 경험 회피의 피난처로 삼고 있는 이유도 바로 여기에 있다. 자신을 힘들게 하는 불쾌한 경험으로부터 벗어나기 위해 '언 발에 오줌 누기' 식으로 때우는 것이다. 이렇게 되면 문제 해결은커녕 유사한 상황에서 '부(-)적 정서'인 마이너스 정서를 자꾸 경험할 뿐이다.

'긍정적 정서' 대신에 '정(+)적 정서', '부정적 정서' 대신에 '부(-)적 정서'라는 표현이 더 적절한 이유다. 혈액형에 RH+와 RH-가 있듯이, 정서에도 그저 '쾌'라는 플러스 정서(양의 정서)와 '불쾌'라는 마이너스 정서(음의 정서)가 있는 것뿐이다. 음(-)의 정서, 불쾌의 정서라고 모두 나쁜 것이 아니듯이, 양(+)의 정서, 쾌의 정서라고 모두 좋은 것은 아니다.

세상에 좋은 정서나 나쁜 정서는 없다. 상황과 경험에 맞는 정서라면, 부적 정서를 느끼는 것이 긍정적일 수 있으며, 상황과 경험에 맞지 않는 정서라면, 설사 정적 정서를 느꼈을지라도 그것은 나쁜 결과를 가져올 수 있다.

당부하건대, 부정적 정서라는 말을 사용하지 않도록 주의하자. 슬픔, 분노, 두려움, 억울함 등의 불쾌 정서에도 나름의 기능이 있다. 어떤 정서든 우리가 경험하고 그것의 정체를 알아차리는 한 도움이 된다. 마치 도로 위의 신호등과 같은 것이다. 멈추라고 하는 신호등을 무시해 버린다면 어떤 일이 일어날까? 부적 정서라는 신호등에 불이 들어오면, "잠깐!" 하고 하던 일을 멈추는 게 먼저다. 상황이나 자기 자신을 돌아보고, 옳고 그름을 판단할 기회로 삼아야 한다. 이렇듯 부적 정서는 문제를 알아차리고 원하지 않는 문제 상황이 반복되지 않게 하려면 어떻게 해야 하는지 해결책을 찾는 데 중요한 기능을 수행한다. 없애버려야 하는 부정적인, 좋지 않은 어떤 것이 결코 아니다.

경험한 정서가 정적 정서인지 부적 정서인지 내용을 파악했다면, 파악한 정서에 적절한 이름을 붙여야 한다. '뭔지 모를 감정'은 반드시 우리를 힘들게 하므로, 느낀 정서에 대해 꼭 이름을 붙일 것을 권한다. 이를 심리학에서는 '정서 명명하기'라고 하는데, 정서 인식 과정에서 매우 중요하다.

인간에게는 수많은 정서가 있지만, 한국인이 일상에서 자주 느끼고 경험하는 정서는 약 60개 정도다. 하지만 단어를 알더라도 실제로 자주 표현하지 않는다는 데 문제가 있다. 자주 표현하지 않는다는 것은 정서를 인식하지 못해서일 가능성이 높다.

외국어를 익힐 때 가장 먼저 단어부터 배우듯이, 정서를 적절히 알아차리고 자주 표현하려면 일상에서 정서 어휘를 많이 사용해야 한다. 아래의 정서 어휘 목록이 자신의 정서 경험을 파악하는 데 도움이 될 것이다. 목록에 제시된 단어들을 보면서 평소에 자신이 자주 알아차리고 있는 경험인지, 또 자주 표현하며 지내는 경험인지 체크하면 도움이 될 것이다.

슬프다	부담스럽다	싫증나다	샘나다
부끄럽다	후회하다	그립다	답답하다
죄송스럽다	마음 아프다	귀찮다	정답다
섭섭하다	어이가 없다	허전하다	행복하다
두렵다	짜증나다	재미없다	자신만만하다
밉다	걱정스럽다	불만스럽다	열중하다
외롭다	아쉽다	억울하다	사랑하다
조급하다	지겹다	속상하다	만족스럽다
실망스럽다	불쌍하다	우울하다	신나다
화나다	무섭다	한심하다	반갑다
기운차다	흥미롭다	감사하다	흥겹다
배신감을 느끼다	즐겁다	감동하다	포근하다
자랑스럽다	흐뭇하다	뿌듯하다	편안하다
열정적이다	여유롭다	희망차다	좋아하다

익혀두면 좋을 정서 단어 목록

2. 놓치기 쉬운 등잔 밑의 행복, 정서적 안녕

첫 번째 챕터에서 소개했던 물질로 안녕을 구하는 사례를 기억할 것이다. 에드 디너는 물질적 안녕만으로 인간의 행복을 다 설명하지 못한다고 말했다. 그는 객관적 지표로 측정되던 기존의 물질적 안녕에 대비되는 개념으로 주관적 안녕SWB, subjective well-being을 제시했다. 객관적 지표와 상관없이, 스스로 얼마나 정서적으로 행복하다고 느끼는지, 그리고 자신의 삶에 대해 얼마나 만족하고 있는가에 따라 '주관적으로' 평가해야 한다고 주장했다.

주관적 안녕을 연구하는 학자들에 따르면 정(+)적 정서와 부(-)적 정서를 적절히 균형 있게 경험하면서 자신의 삶에 대한 만족도가 높은 사람일수록 행복감을 느낀다. 다양한 연구로 확인된 사실에 의하면, 정적 정서와 부적 정서의 경험 비율이 적어도 2.9:1이어야 한다. 만약 지난 한 주 동안 당신이 정적 정서를 12회 경험하고 부적 정서를 4회 경험했다면, 정서 경험 비율은 약 3:1이 되므로 좋은 한 주를 보냈다고 풀이할 수 있다는 뜻이다.

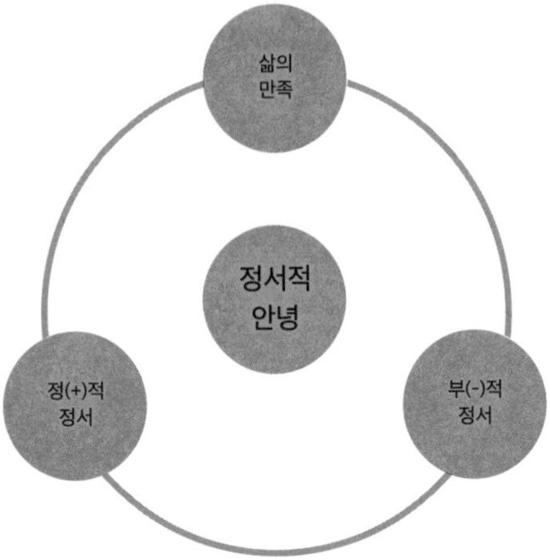

정서적 안녕의 구성 요소

객관적 지표와 무관하게 안분지족의 삶을 사는 사람들이 바로 이런 주관적 행복을 누리는 대표적인 부류라고 할 수 있겠다. 서양 철학에서는 에피쿠로스, 아리스티포스 등의 철학자들이, 동양 철학에서는 노자나 장자의 철학이 유사하다. 남들이 뭐라 하건 자기가 행복할 수 있는 길을 꿋꿋이 가는 것, 사회적 기준이나 잣대를 따르는 게 아니라 스스로 만족할 수 있는 삶을 사는 사람이 있다면 그는 분명 주관적 안녕이 높은 사람이다.

이 주관적 정서 경험에 기초하는 안녕을 일명 '등잔 밑의 행복'이라 할 만하다. 우리가 조금만 주의를 기울이면 쉽게 챙길 수 있는 행복이니 말이다. 행복을 찾기 위한 맹렬한 노력과 강한 의지가 필요하지도 않다. 이미 내가 할 수 있는 능력 범위 안에 있는 것들이라, 그저 약간의 주의만 더 기울이면 손쉽게 일상 속에서 만족스러운 안녕을 획득할 수 있다. 단, 자연의 섭리에 부합하면서도 자신과 타인의 행복을 침해하지 않는다는 전제에서만 옳다. 우리가 사는 세상은 결코 혼자만 사는 세상이 아니다.

상담실에서 스마트폰과 컴퓨터 게임 중독 내담자들을 만나면 놀랄 때가 많다. 과거에는 게임 중독 사례가 주로 10대 청소년들이었지만, 최근에는 20, 30대에서 상당히 높은 비율을 차지하고 있다.

얼마 전에 만났던 한 내담자는 취업 준비를 하느라 느끼는 불안이나 긴장을 해소하기 위해 게임을 시작해 중독된 경우였다. 게임을 하지 않았을 땐 불안하고 잠을 이루기 힘들었지만, 게임을 한 이후로는 즐겁고 흥미진진한 나날을 보낸다고 했다. 시간 가는 줄 모르고 게임을 하느라 잠자는 것도, 먹는 것도 잊고 살다 보니 불안을 느낄 새도 없다고. 그는 지금 자신의 삶에 충분히 만족스러워하며 생활 패턴을 바꾸고 싶지 않다고 털어놓았다.

자신의 삶에 대해 문제 의식도 없고, 변화 필요성에 대해 자각조차 없는 이 내담자의 주관적인 정서적 안녕은 몇 점이나 될까? 만약 본인이 느끼는 정서적 만족이 꽤 높을지라도 함께 사는 가족은 어떨까? 모르는 사람이 보기에도, 그의 앞날이 걱정되지 않는가? 주관적 안녕이 갖는 허점이 여기에 있다. 혼자서만 잘 살고 있다고 생각하는 주관적 판단에는 상당한 오류가 있을 수 있다.

이쯤 되면 자신의 정서적 안녕 상태가 어떠한지 알고 싶을 것이다. 안녕을 측정하는 방법은 다양하게 개발되어 있다. 이 책에서는 신뢰도와 타당도가 검증된, 스스로 읽고 응답할 수 있는 대표적인 방법만을 소개하고자 한다.

방법은 앞의 질문지와 같다. 지나치게 깊이 생각하지 말고 떠오르는 대로 솔직하게 응답할수록 현재의 자기 상태를 잘 반영한 결과를 얻을 수 있다. 정말 자신의 안녕이 궁금하다면, 있는 그대로 솔직하게 자기 자신과 가장 가깝다고 생각되는 지점에 체크를 하면 그걸로 충분하다. 단, 되도록 외부의 방해 없이 조용히 집중할 수 있는 장소에서 하길 권한다.

● 정서적 안녕을 재는 첫 번째 저울[12] ●

아래 다양한 감정이나 기분을 나타내는 단어를 나열했다. 각 단어를 읽고, 오늘을 포함하여 지난 1주간(필요에 따라, '지금 이 순간', '오늘' '최근 1주일 동안' 혹은 '최근 한 달 동안'으로 바꿔 응답 가능) 느낀 감정이나 기분의 정도를 가장 잘 나타낸 숫자에 체크해 보자.

문항	내용	전혀 그렇지 않다	약간 그렇다	보통이다	많이 그렇다	아주 많이 그렇다
1	흥미로웠다.	①	②	③	④	⑤
2	짜증스러웠다.	①	②	③	④	⑤
3	괴로웠다.	①	②	③	④	⑤
4	맑은 정신이었다.	①	②	③	④	⑤
5	신이 났다.	①	②	③	④	⑤
6	부끄러웠다.	①	②	③	④	⑤
7	화가 났다.	①	②	③	④	⑤
8	영감을 받았다.	①	②	③	④	⑤
9	강인했다.	①	②	③	④	⑤
10	긴장했다.	①	②	③	④	⑤
11	죄책감이 들었다.	①	②	③	④	⑤
12	확고했다.	①	②	③	④	⑤
13	겁이 났다.	①	②	③	④	⑤
14	주의 깊었다.	①	②	③	④	⑤
15	적대적이었다.	①	②	③	④	⑤
16	초조했다.	①	②	③	④	⑤
17	열정적이었다.	①	②	③	④	⑤
18	활기찼다.	①	②	③	④	⑤
19	자랑스러웠다.	①	②	③	④	⑤
20	두려웠다.	①	②	③	④	⑤

● 결과 ●

정적 정서 합계	1, 4, 5, 8, 9, 12, 14, 17, 18, 19 번 점수의 합	점
부적 정서 합계	2, 3, 6, 7, 10, 11, 13, 15, 16, 20번 점수의 합	점

결과를 산출하고 해석할 때 주의할 점은 정적 정서와 부적 정서의 점수를 합한 총점은 의미가 없다는 것이다. 그보다는 각 합산 점수의 비율이 중요하다. 만약 정적 정서와 부적 정서의 비율이 11:1을 넘는다면 지나치게 정적 정서를 느끼는 상태로 볼 수 있으며, 3:1에 못 미친다면 지나치게 부적 정서를 느끼는 상태로 풀이된다. 그게 아니라면 정서적으로 안녕한 상태로 풀이한다.

모쪼록 이 척도를 활용하여 일상에서 일어나는 자신의 정서 경험에 대해 적절히 이름 붙이고, 또 이름 붙인 정서를 경험하게 된 배경을 탐색하고 숙고하길 바란다. 이를 통해 자기를 이해하는 것은 물론이고, 타인과의 관계에서 보다 적절하게 대처할 수 있는 방법을 찾는 데 도움이 될 것이다.

정서적 안녕을 재는 두 번째 저울[13]

아래 문항에 동의하는 정도에 따라서 해당 숫자를 체크해 보자.

전혀 아니다	아니다	약간 아니다	중간이다	약간 그렇다	그렇다	매우 그렇다
①	②	③	④	⑤	⑥	⑦

문항	내용	평점						
1	전반적으로 나의 인생은 내가 이상적으로 여기는 모습에 가깝다.	①	②	③	④	⑤	⑥	⑦
2	내 인생의 여건은 아주 좋은 편이다.	①	②	③	④	⑤	⑥	⑦
3	나는 나의 삶에 만족한다.	①	②	③	④	⑤	⑥	⑦
4	지금까지 나는 내 인생에서 원하는 중요한 것들을 이루어냈다.	①	②	③	④	⑤	⑥	⑦
5	다시 태어난다 해도, 나는 지금처럼 살아갈 것이다.	①	②	③	④	⑤	⑥	⑦

결과

위의 만족도 질문지에서 5개 문항 점수의 합산 총점이 높을수록 정서적 안녕이 높다고 볼 수 있다. 절대적 기준치는 없지만, 대략 21점 이상이면 삶에 대한 만족도가 높은 사람이라고 볼 수 있다.

3. 나도 어쩌지 못하는 감정이 밀려올 때

언젠가부터 1일 1팩이 유행이다. 매일 밤 짧고 간단한 과정을 통해 하루 동안 지친 피부에 활력을 주는 손쉬운 방법이다. 이토록 피부 관리에 신경을 쓰면서 정작 중요한 우리의 마음은 왜 살피지 않을까? 특히 하루 동안 우리가 경험한 부적 정서는 매일 저녁 1일 1팩 하듯 특별한 관리가 필요하다. 정적 정서는 우리를 성장시키는 반면, 부적 정서는 우리의 사고와 행동의 폭을 위축시키고 경험으로부터 도망하게 한다. 우리의 자원이 형성되는 것을 방해하는 것이다. 이런 악순환이 지속되다 보면, 우리의 행복이 잠식당하는 것은 불 보듯 뻔한 일이다.

자신의 정서를 알아차리고 그에 맞는 이름을 붙이면 그 정서를 느끼게 된 배경을 되짚어 보게 된다. 정서를 파악하는 것은 이 같은 악순환이 반복되지 않도록 예방하기 위해서, 나아가 우리의 행복을 잠식당하지 않기 위해서 매우 중요하다. 만약 트라우마가 남는 사건을 겪은 후 강한 부적 정서를 경험했다면, 반드시 그 정서를 처리해야 한다. 이를 작업하지 않고 내버려둔다면 행복에서 멀어지는 건 물론이고, 그 상처가 곪을 대로 곪게 되어 심리 장애 혹은 정신 장애로 이어지게 될 위험이 있다.

이 장에서는 긍정심리 치료 모델에서 주로 사용하는 대표적인 방법 가운데 여러분이 활용할 만한 몇 가지를 소개하고자 한다. 부디 자신에게 쉬운 방법을 찾아 정서를 보살필 수 있기를 바란다.

정서적 스토리텔링

일반적으로 정신적 충격과 마음의 상처가 큰 부적 사건을 경험하고 나면, 그 사건의 기억으로부터 도망치는 경향이 있다. 그러나 아이러니하게도 사건의 충격으로부터 벗어나기 위해서는 그 사건을 직시해야 한다.

우리 몸 어딘가 뾰족한 것에 찍혀 상처를 입게 되었다고 생각해 보자. 우리는 상처 부위를 소독하고 연고를 바른 다음 통풍이 되도록 멸균 거즈로 잘 싸맨다. 그래야 새 살이 돋아나기 때문이다. 정서적 상처 역시 소독하고 연고를 바르는 돌봄의 과정이 필요하다. 심한 정서적 충격을 받고 우울이나 불안에 휩싸인 사람들은 상담자와 치료적 대화를 나눔으로써 상처를 치유받는데, 이러한 과정을 '언어화'라고 일컫는다. 정서적 고통에 대한 언어화는 훈련받은 전문가와의 대화로도 풀어낼 수 있지만, 혼자 글쓰기를 통해서도 가능하다.

상처를 소독하고 연고를 바르는 과정은 쓰리고 아프다. 그러나 우리는 아픔을 치료를 위한 과정으로 여기고 참고 드레싱을 반복한다. 마찬가지로 정서적 고통을 글로 쓰는 과정에서도 우울이나 불안이 동반된다. 이것은 우리의 정신 건강과 행복을 위해서 꼭 해야 할 드레싱과 같은 일이다. 상처가 있는 사람이라면 그 상처가 곪지 않도록 글쓰기를 통한 스토리텔링을 꼭 해 보기를 권한다.

스토리텔링이란 말 그대로 이야기하기다. 괴롭고 아픈 상처와 기억을 가슴속에 담아둔 채 곪도록 내버려두는 대신 이야기로 풀어내도록 돕는다. 페니베이커의 정서적 스토리텔링은 삶에서의 부정적 사건이나 외상 경험과 관련된 부적 정서에 대해 글을 쓰기만 하면 되는 간단한 치유 방법이다.

최근 국내에서 수련 중인 예비 상담자들에게 8주간의 성찰적 글쓰기 프로그램을 실시한 결과, 프로그램에 참여하지 않은 수련생들에 비해 실험에 참여한 수련생들의 자기 인식과 자기 성찰, 그리고 자존감이 유의하게 증진되었음을 확인할 수 있었다.[14]

지금 이 책에 소개하는 방식은 복잡하게 구조화된 프로그램이 아니다. 집에서 스스로 할 수 있는 초간단 치료적 글쓰기 방법이다. 사건과 관련하여 마음속 깊이 담긴 생각(사고, 인지)과 느낌(감정, 정서)을 나흘 동안 매일 15분간 풀어내 쓰기만 하면 된다. 단, 쓰기를 마친 다음에 바로 다른 일을 하기보다는 잠시라도 휴식하기를 권한다. 나흘이 지나도 여전히 풀어낼 사연이 있다면, 일주일, 이주일, 혹은 한 달 내내 이어가도 좋다. 사연이 많을수록 더 긴 기간이 필요한 건 당연한 일이다.

너무 단순해서 이 방법이 정말 효과가 있을까 의구심이 들지도 모르겠다. 이 방법의 초점은 '상처 입은 사건'과 관련한 느낌과 생각에 집중하는 것이다. 겉으로 드러나는 외현적 행동이나 사건에 집중하는 것이 아니라, 내면적 현상으로서의 감각, 감정, 정서, 인상, 사고에 집중한다는 점에서 보통의 일기 쓰기와 큰 차이가 있다.

바쁜 어머니를 대신해서 자신을 키워 준 할머니를 떠나보낸 후 식욕도 잃고 잠도 쉬이 들 수 없어 불면을 호소하던 30대 중반의 교사가 있었다. 그녀는 버려진 기분을 떨칠 수 없었으며, 세상에 혼자 남겨진 허전함을 견딜 수 없어 했다. 심한 죄책감과 우울감으로 상담을 시작한 그녀에게 내가 권했던 방법이 바로 이 정서적 스토리텔링이었다.

매주 1회 상담을 병행하면서 주 2~3회 할머니에게 못다 한 이야기를 솔직하게 털어놓는 편지를 쓰도록 권했다. 처음에는 돌아가신 할머니에게 서운했던 마음, 미웠던 마음, 억울했던 마음, 원망하는 마음 등이 등장했다. 하지만 이런 부적 정서를 다 털어내자 할머니와 함께했던 추억, 고마움, 할머니로부터 배운 삶의 태도와 교훈 등 긍정적인 내용들이 등장하기 시작했다. 그녀는 올 때마다 편지 내용에 대해 이야기를 나누며 많은 눈물을 쏟아냈다. 그렇지만 편지의 내용이 바뀌면서 눈물은 점차 줄어들었고 자연스럽게 표정과 목소리도 밝아졌다. 밝아진 기운만큼 잠도 잘 자고 식욕도 생기면서, 점차 삶에 대한 의욕을 되찾게 되었다.

당시 그녀는 6주라는 비교적 짧은 기간 동안 상담을 받았는데, 그녀의 변화에 누구보다 놀랐던 것은 그녀의 고등학교 단짝 친구들이었다. 만약 그때 그녀가 상실로 인한 우울과 불안을 우울증약이나 수면유도제로 해결하려 들었으면 어땠을까? 자신의 삶에서 맞닥뜨린 위기를 스스로 극복해내는 성장 경험은 하지 못했을 것이다. 그녀처럼 스스로 자신의 상처를 치유하고 극복해 가는 내담자의 성장 과정을 지켜보고 동행하는 일은 상담자로서 매우 뿌듯한 일이다.

역경에서 의미 찾기

다시 한번 강조하지만, 우리를 사로잡는 부적 정서의 위력을 약화시키는 방법은 결코 그 경험으로부터 물러서거나 도망치는 것이 아니다. 우리의 생각과 느낌을 회피하려 하지 않고, 오히려 우리가 경험하는 생각과 느낌을 의미 있는 틀, 즉 언어 체계를 통해 말이나 글로 빚어내야 한다. 그래야만 사건에 대한 이해가 가능해지면서 고통으로부터 해방을 맞이하게 된다. 부적 정서에 사로잡힌 채 끌려다니는 삶에서 벗어나, 일상과 사회적 관계 속으로 다시 복귀할 수 있게 되는 것이다. 그리고 고통은 반드시 성장을 낳는다. 고통을 통한 성장이 우리를 행복으로 이끄는 것이다. 의미 있는 삶은 언제나 고통을 동반한다는 사실을 잊지 말자.

시련과 역경, 고통과 고난에 성장과 성숙의 기회가 있다. 이 사실은 많은 철학자들과 종교적 현인들, 그리고 인류의 역사를 통해서도 익히 잘 알려져 있다. 넘어지고 쓰러진 지금 당장의 현실에서는 이해하기 어려울 수 있으나, 조금만 시선을 들어 멀리 내다보면 지금 내게 닥친 이 고통이 나를 성장시키는 기회라는 것을 알게 된다.

심리학자들은 다양한 연구를 통해 이를 과학적으로 검증했다. 자신을 힘들게 한 외상적 경험이나 부정적 사건으로부터 어떤 의미를 찾으려고 노력했던 사람들은 그렇지 않은 사람들보다 더 나은 대처와 심리적 적응, 그리고 더 높은 자존감을 나타내고, 우울은 더 적게 경험한다는 것이다. 그리고 이러한 결과는 여러 연구에서 일관되게 반복적으로 확인되었다.

미움 내려놓기

앞서 살펴본 정서적 스토리텔링이나 역경에서 의미 찾기가 힘들게 한 사건에 초점을 둔다면, 지금 소개하려고 하는 미움 내려놓기는 힘들게 한 사람에 초점을 둔다. 깊은 상처를 입힌 특정 인물을 떠올리면서 그에게서 얻은 이득이나 혜택, 감사할 수 있는 면면을 찾아 써 보는 과정을 통해 고통에서 벗어나는 방법이다.

나를 괴롭히고 힘들게 한 사람에게서 감사할 거리를 찾는다는 게 부조리하게 느껴질 수도 있을 것이다. 그러나 용서나 감사는 그 대상이 되는 인물이 아니라, 용서하고 감사하는 주체에게 혜택이 돌아가는 힘이 있다. 내게 잘못한 사람에게 미움을 품고 절대 용서하지 않겠다고 벼를수록 고통받는 것은 상대방이 아니라 내가 된다. 잘못을 한 상대방은 잘 먹고 잘 자는데, 정작 피해를 입은 나는 점점 피폐해지는 경험이 있을 것이다. 이 얼마나 억울하고 바보 같은 짓인가? 지혜로운 사람이라면 이런 억울한 행동을 계속하지 않을 것이다.

행복은 내가 일궈야 하는 것이다. 간혹 누군가 내 삶에 흙탕물을 튀기고 오물도 투척하지만, 내 삶은 내가 닦아야 한다. 결국 내가 살아가야 하는 내 삶이기 때문이다. 나에게 상처를 입힌 사람에 대한 분노에 집중하느라 내 삶이 엉망이 되도록 내버려 둘 순 없다.

잘못을 한 상대방을 잡아서 혼쭐을 내주고 사과도 받아내고 싶지만, 상대방이 잘못을 인정조차 않을 땐 어떻게 해야 할까? 그와 악다구니를 쓰며 싸워가며 기어이 사과를 받아내어야 마음이 편해질까? 엉망으로 어질러진 내 삶을 말끔히 치우라고 요청한들 과연 상대가 치울 수나 있을까? 정당하게 요구하고 받아낼 수 있을 땐 그렇게 하는 것도 필요한 일일 것이다. 하지만 알 것이다. 인간관계에서 언제나 상식과 윤리가 통하지만은 않는다는 것을.

때로는 하소연할 곳도 없이 억울한 일을 겪거나 원통함에 원과 한이 가슴에 맺혀 제대로 숨쉬기조차 힘든 상황에 놓이기도 한다. 그러고 보면 심리적 문제와 정서적 갈등에 있어서만큼은 결자해지結者解之라는 말이 통하지 않는다. 누군가를 미워하는 데 들어가는 부정적 에너지와 부적 정서는 시간이 지나면서 우리 자신의 건강에 중요한 문제를 일으킨다. 결자結者가 해지解之할 때까지 기다리다가는 내 상처가 더 곪게 되니 말이다. 내게 해를 입힌 사람을 용서하지 않음으로써, 그로 하여금 계속해서 나에게 피해를 입히도록 허용하는 셈이 된다. 정작 해를 입힌 상대방은 어떠한 고통도 받지 않는데 말이다.

누군가와의 관계에서 미워하는 마음으로 힘들 때, 그리고 그 해결을 상대방과 함께하기 불가능할 때, 우리는 혼자서라도 방법을 찾아야 한다. 지혜로운 사람은 자신의 행복을 위해 선택하고 결정한다. 자, 당신은 상대방을 미워하면서 계속 고집스럽게 그 페이지에 머물러 있을 것인가, 아니면 이제는 그만 그를 용서하고 삶의 다음 페이지로 넘어갈 것인가? 나를 위한 새로운 페이지를 넘기기로 선택하였다면 다음과 같이 해 볼 것을 권한다.

다음 그림의 한가운데 있는 동그라미 안에 상대방이 나를 화나게 하거나 상처 입혔던 일에 대해 간략히 적는다. 그리고 상대방이 내게 했던 말이나 행동, 혹은 그가 가진 어떤 측면이나 성격 중에서 감사한 점을 찾는다. 없다고 생각할지도 모른다. 하지만 상대방을 전체적으로 바라보려고 노력하고 최대한 많이 회상하려고 노력하는 일이 중요하다.

그다음, 찾아낸 감사할 거리들을 주변의 동그라미 안에 한 단어나 문장으로 써 넣는다. 써 넣은 이야기는 매우 중요할 수도 덜 중요할 수도, 현재의 일일 수도 과거의 일일 수도 있다. 가급적이면 동그라미를 다 채우려 노력하고, 모자라면 더 그려 넣어도 된다. 그림의 예시처럼 다 채워 넣었다면, 다음의 질문에 충분히 시간을 들여 생각해 보고 답하자. 누구를 위한 용서인지 선명해질 것이다.

미움 내려놓기 연습 예시

• 감사의 바다로 둘러싸인 가운데 동그라미를 가만히 바라봅니다. 상황을 다르게 볼 수 있게 되었나요? 상대방에 대해 전과는 다르게 느끼게 되었나요? 달리 느끼게 되었다면(혹은 그렇지 않다면), 이유가 무엇일까요?

• 용서를 향해 더 작업할 준비나 의지가 생기셨나요? (용서란 해를 끼친 상대가 아니라 자기 자신을 위한 것이라는 점을 기억하시기 바랍니다.) 준비가 되었다면(혹은 그렇지 않다면), 이유가 무엇이라고 생각하는지 써 보세요.

• 해를 끼친 상대방이 앞으로도 지속적으로 관계를 계속하고 싶은 사람이라면, 앞으로의 관계를 생각할 때 지금 자신이 더 나은 위치에 있다고 느껴지나요? 그렇다면(혹은 그렇지 않다면), 그 이유는 무엇이라고 생각하시는지 써 보세요.

4. 초간단 행복 레시피, 좋았던 순간 음미하기

간혹 외부에서 강의 의뢰가 올 때가 있다. 그만큼 심리학과 행복에 사람들의 관심이 크다는 방증일 것이다. 공무원, 회사원, 경찰, 교사 등 다양한 직종에서 일하는 사람들을 만나 특강을 해 보면, 행복을 위해 노력하는 것이 불편하다고 반응하는 사람들을 만나기도 한다. 의식적으로 행복해지려고 애쓰는 게 왠지 부자연스럽게 느껴진다는 게 이유다. 행복해지기를 바라지만, 행복하려고 애쓰고 싶지는 않다는 사람들, 웃을 일이 생겨야 웃는 것이지 웃을 일도 없는데 어떻게 웃느냐는 사람들이 생각 외로 많다.

사람들은 즐거움이나 만족과 같은 정적 정서보다는 불안이나 스트레스, 따분함 같은 부적 정서에 더 많은 관심을 기울인다. 습관화된 부적 정서는 우리의 몸과 마음 모두에 해로운 반면, 정적 정서는 우리가 심리적으로 힘든 상황이건 아니건 언제나 우리에게 이로움을 준다. 노력으로 정적 정서가 몸에 배고 습관이 된다면 어떤 일이 일어날까? 습관화된 정적 정서는 부적 정서의 잠재적인 해로운 효과를 상쇄시키는 것을 넘어 신체와 정신의 건강을 증진시킨다. 사회적 지지와 유대를 창출해 냄으로써 관계를 긍정적으로 전환시키고 성취와 웰빙에 기여하는 것이다.

시간이 금이라면, 정적 정서는 마이너스 통장의 잔액이다. 수입과 지출에 대해 신경 쓰지 않고 지내다 보면 어느새 잔고가 남지 않고 만다. 정서 역시 마찬가지이다. 우리의 안녕과 행복을 위해서는 잔액이 마이너스(-)인 채로 하루가 끝나지 않도록 자신의 정서 상태에 주의를 기울여야 한다.

흔히 기분이라고 부르는 것을 학문적으로는 '정동mood'이라 하는데, 이는 전반적인 느낌을 말한다. 대개 짧게는 일주일, 한 달, 혹은 그 이상의 오랜 시간에 걸친 느낌에 대한 개념을 지칭하는 반면, 정서emotion는 개인적으로 의미 있는 사건에 관련된 일시적 상태를 말한다. 기분은 전반적인 느낌이므로 '좋다' 혹은 '나쁘다'의 '쾌' 혹은 '불쾌'로 통칭할 수 있지만, 정서는 일시적인 상태를 말하므로 분노, 두려움, 즐거움, 실망, 놀라움과 같이 구체적으로 명명하는 것이 좋다.

정적 정서는 우리의 사고를 확장할 수 있는 경험을 만들고 그 경험이 쌓이면서 지식과 자산이 구축되어 우리를 더욱 성장하게 해 준다. 반면, 부적 정서는 우리의 사고를 위축시키고 경험으로부터 회피하게 함으로써 지식과 자산이 잠식당한다.[15] 이를 가리켜 '정적 정서의 확장구축이론Broaden-and-build theory'이라 하는데, 이에 따르면 정적 정서는 우리의 사고와 행동의 레퍼토리를 확장시킨다. 더 나아가서 신체적, 인지적 자원에서부터 심리적, 사회적 자원에 이르기까지 지속적으로 개인적 자원을 구축하도록 돕는 알토란 같은 역할을 한다.

말하자면, 마음이 평화롭거나 즐거울 때 창의적인 생각이나 문제 해결에 더 수월하고, 동료들과도 즐겁게 어울려 지내며, 이는 또 다른 정적 정서 경험으로 재경험된다는 뜻이다. 정적 정서의 경험은 우리의 안녕감과 행복의 상향적 선순환을 가능하게 하는 큰 이점이 있다. 정적 정서에서 비롯되는 사고와 행동의 잠재력 확장은 삶에서 우리가 맞닥뜨리는 중요한 문제들을 해결하는 데 필요한 대안을 많이 떠올릴 수 있고 자연스럽게 더 효과적으로 문제를 해결할 가능성이 높아진다.

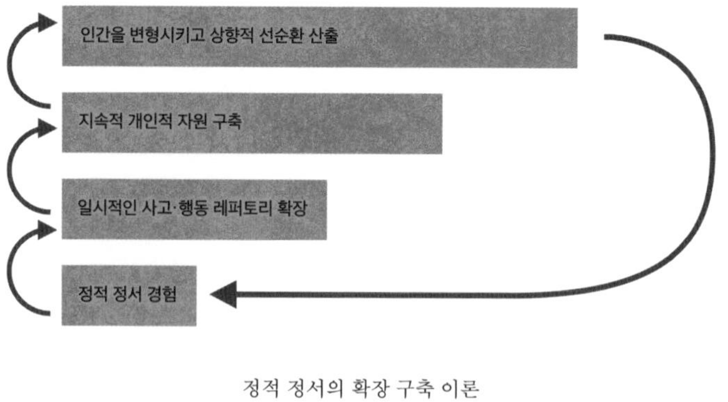

정적 정서의 확장 구축 이론

이외에 정적 정서가 우리에게 주는 또 다른 이로움은 부적 정서를 상쇄시킨다는 점이다. 프레드릭슨 박사는 즐거움이나 만족 등의 정적 정서는 스트레스 상황을 견뎌내는 데 기여하는 반면, 무덤덤한 정서 상태는 스트레스 상황으로부터 회복하는 것이 더디고, 슬픔 등 부적 정서는 회복을 어렵게 한다는 것을 실험을 통해 입증한 바 있다.[16] 정적 정서가 스트레스를 주는 사건으로부터 야기되는 부적 정서를 상쇄시킴으로써 우리들의 리질리언스와 대처 능력을 향상시킨다는 점에 주목할 필요가 있다.

대부분의 사람들은 성공이 정적 정서를 불러일으킨다고 생각한다. 그러나 다양한 연구를 통한 학자들의 결론은 반대다. 오히려 정적 정서가 성공을 가져온다고 말한다.[17] 성공해서 행복한 것이 아니라, 행복한 사람이 성공하는 것이며, 이때 정적 정서가 기여하는 바가 상당하다는 것이다. 정적 정서는 우리가 얼마나 잘 지내고 있는지를 알려 주는 일반적인 지표로서, 하루 동안 경험하는 정적 정서와 부적 정서 간의 균형이 바로 우리의 정신 건강을 나타내는 지표인 셈이다.

심리학에서는 그동안 두려움과 불안, 우울 같은 부적 정서에 대서만 관심을 기울여 왔고, 정적 정서의 중요성을 간과했다. 또한 심리 치료나 상담 분야에서도 부적 정서를 감소시키는 것을 주된 목표로 삼아 왔다. 그러나 21세기 들어서면서 등장한 긍정 심리학은 정적 정서가 불러오는 강력한 긍정적 효과에 주목해 현대인들을 위한 심리 치료 및 새로운 전략으로 정적 정서를 적극

활용하고 있다. 긍정심리 상담에서 심리 치료를 통해 도달하고자 하는 최종 목표이자, 상담 과정에서 매우 중요하게 다루고 있는 것 또한 정적 정서다. 일상에서 정적 정서를 경험하지 못한다면, 성취를 이루기 어려울뿐더러 설사 성취했다 할지라도 행복으로 이어지기 어렵기 때문이다.

스스로 행복하다고 하는 사람들, 즉 정적 정서가 높고 부적 정서는 상대적으로 적게 경험하는 사람들은 다른 사람들에게 매력적으로 여겨진다. 행복한 사람들은 동료들 사이에서 인기가 좋으며, 타인에게 적절히 필요한 도움을 요청하고 얻어낼 줄 안다. 그들이 경험하는 높은 정적 정서는 미소와 웃음을 통해 관계 속에서 외적으로 표현된다. 자연스럽게 긍정적인 사회적 상호작용을 유도해 사랑과 우정 등의 친밀한 관계에서 성공적인 관계를 형성하고 유지할 뿐 아니라, 직장에서도 성공할 가능성이 높다. 정적 정서를 많이 경험하는 직장인들은 상사로부터 더 신뢰할 만하고 생산적인 사람으로 여겨져 높은 점수를 받으며, 실제로 이들의 업무 추진 능력과 팀워크가 그렇지 않은 직장인보다 탁월하다는 연구 결과도 있다.

흔히 사람들이 생각하듯이 성공이 정적 정서를 불러오는 것이 아니라, 정적 정서가 성공을 가져온다는 것을 이해하였기를 바란다. 통념처럼 성공해야만 정적 정서를 맛볼 수 있다고 믿는다면, 성공하는 그날까지의 삶이 너무 삭막하고 괴로운 여정일 것이다. 부적 정서를 느끼지 않으려고 애쓰기보다 정적 정서를 더 자주,

더 많이 느끼려고 노력하는 편이 훨씬 이롭다는 것을 잊지 말자.

앞서 완전한 정신 건강에서 소개했던 모형을 아래 통합적으로 도식화해 보자면, 정적 정서는 증상을 줄여 주고 웰빙은 높여 주는 중요한 견인차 역할을 한다. 이 글을 읽는 당신이 불완전 정신 건강을 의미하는 제4사분면의 쇠약 상태에 있든, 불완전 정신 질환을 의미하는 제2사분면의 분투 상태에 있든, 아니면 완전 정신 질환을 의미하는 제3사분면의 총체적 난국 상태에 있든 상관없다. 그저 정적 정서를 느끼면 느낄수록 완전 정신 건강을 의미하는 제1사분면의 번영 상태로 이동하게 될 가능성이 그만큼 더 높아진다는 것을 기억하기를 바란다.

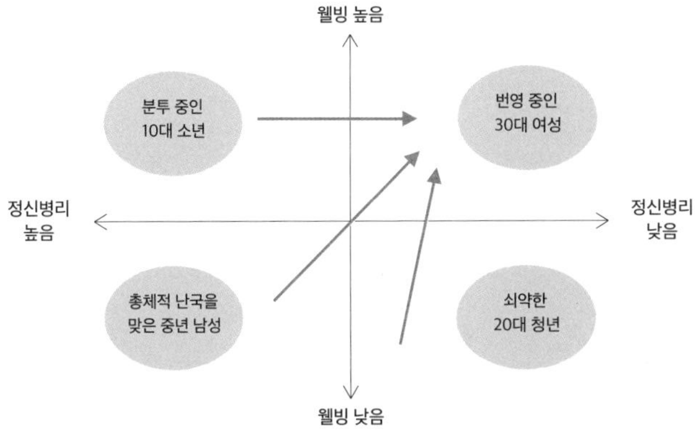

정신 건강의 회복과 안녕 증진의 과정

힘든 건 지금뿐이 아니다. 인생은 계속해서 힘들다. 그래서인지 지금 할 수 있는 걸 하자는 '소확행(小確幸, 일상에서 느낄 수 있는 작지만 확실하게 실현 가능한 행복, 또는 그러한 행복을 추구하는 삶의 경향)'이 유행이다. 긍정심리학자로서, 또 상담 전문가로서 매우 반가운 일이다. 멀고 먼 미래, 과연 내가 누리게 될지 어떨지도 알 수 없는 꿈을 향해 오늘을 통째로 저당 잡힐 필요는 없다. 원대한 포부를 갖기를, 남의 꿈이 아닌, 바로 자기 자신의 꿈을 꾸기를. 그리고 아무리 원대한 포부를 갖고 있다 하더라도 작지만 확실한, 오늘 누릴 수 있는 소소한 행복거리들을 놓치지 않기를 바란다. 소소한 행복거리들을 누림으로써 얻게 되는 정적 정서가 곧 당신이 그토록 원하는 꿈을 당신에게로 불러오는 마법의 주문이 될 것이다. 다음 장에서 조금 더 구체적인 '나를 위한 소소한 행복'을 알아가길 바란다.

5. 나만의 확실한 행복

우리가 매일 매 순간 경험하는 정서에 이름을 붙임으로써 정서 인식 능력을 키워갈 수 있다는 것과 특히 정적 정서를 자주 경험할 때 일과 사랑(관계)에서도 성공할 가능성이 높다는 사실을 알았으니, 이제 정서를 어떻게 활용하면 좋을지 알아보도록 하자.

일상에서 스트레스가 없을 수는 없다. 또한 부적 정서 경험은 피하고 싶다고 피해지지도 않는다. 하지만 스트레스와 고난에도 불구하고 삶은 굴러가야 하므로, '내 행복은 내가 지킨다'는 마음으로 이왕이면 보다 적극적으로 살려는 의지와 노력이 필요하다. 긍정심리학적 삶의 태도, 즉 삶에서 마주치는 시련과 역경으로부터 회피하거나 도망가려고 하기보다 온전히 마주하고 적극적으로 대처하려는 자세를 취할 필요가 있다.

날마다 힘든 일만 생겨나고 눈 씻고 찾아봐도 좋은 일이라곤 없는데 어떻게 정적 정서 경험을 하느냐고 생각하는 사람들도 있을 것이다. 하지만 일상에서 기쁨을 찾겠다는 마음만 있다면, 돌

부리에 걸려 넘어져도 뜻밖의 재미를 찾아낼 수 있다. 날마다 자신이 갖지 못한 것에만 몰두한다면, 황금을 두르고 지낸다 해도 불행에 시달리기 마련이다.

생텍쥐페리의 소설《어린왕자》를 떠올려 보자. 노을이 지는 풍경을 좋아했던 어린 왕자는 자신이 사는 소행성 B612가 너무 작아 예쁜 노을을 아주 잠깐밖에 볼 수 없다는 사실에 슬퍼했다. 하지만 반대로 생각해 본다면, 행성이 작다는 것은 그만큼 노을이 빨리 찾아 온다는 의미이기도 하다. 더욱이 의자를 조금만 앞으로 당기면 지는 해를 따라가며 원하는 만큼 얼마든지 오랫동안 좋아하는 노을을 실컷 보는 즐거움을 누릴 수도 있었다. 처음 어린 왕자는 앞으로 나아가기보다 소극적으로 그 자리에 주저앉아 한탄하며 슬퍼하는 쪽을 선택했다. 하지만 나중에는 하루에 마흔네 번이나 의자를 당겨 가며 노을을 바라보기에 이른다. 적극적인 삶의 태도를 깨달은 것이다.

초점은 자신이 언제, 어디에서, 누구와, 무엇을 할 때 정적 정서를 느끼는지 알아차리는 것이다. 언제, 어디에서, 누구와, 무엇을 할 때 자신이 플러스 정서를 경험하게 되는지조차 알지 못한다는 건, 자신을 어떻게 행복하게 만들 수 있는지 모르는 것과 같다. 이런 사람은 복권에 당첨되듯 한 방으로 인생이 갑자기 행복해지기를 바란다. 하지만 알 것이다. 행복은 결코 어느 날 갑자기 '우리가 통제할 수 없는' 외적인 사건에 의해 이루어지지 않는다. 행복은 언제나 '우리가 통제할 수 있는' 범위 안에서 우리 손으로 한 땀 한 땀 일궈 내어야 참된 법이다.

물론 가끔은 뜻밖의 행운이나 선물 같은 외적 사건으로 행복을 느끼기도 한다. 그러나 우리가 통제할 수 없는 사건을 통한 기쁨은 지속 기간이 짧다. 누구나 복권 당첨을 행운으로 여기겠지만, 실제 그들의 삶을 추적해 보면 당첨되기 전보다 더 불행해졌다는 이야기를 들어 본 적이 있을 것이다. 설사 우리가 통제할 수 있는 범위 내의 일이라 할지라도 기쁨의 지속 기간 또한 생각만큼 길지 않다. 반면에 그 기쁨을 맛보기까지 보내는 고통의 시간은 길기 마련이다.

미국에서 정교수 심사를 통과한 교수들을 대상으로 한 연구에서 정교수가 된 후 느낀 행복감이 평균적으로 3일간 지속되는 것으로 밝혀졌다. 학부를 졸업하고 대학원에 입학하여 석사 학위, 박사 학위를 취득한 이후 교수가 되기 위한 치열한 경쟁에서 살아남는다 하더라도 20여 년 동안 꾸준히 업적을 쌓아 조교수, 부교수를 거치는 지난한 과정을 거쳐야 한다. 그런데도 행복감이 고작 3일이면 사라지다니, 놀랍기만 하다.

비단 교수 세계에서만 해당되는 일은 아닐 것이다. 어느 분야나 그 성공을 일궈 내기까지는 각고의 노력과 오랜 기간의 수련과 단련이 필요하다. 하지만 정작 이루어 내고 난 후 당사자가 느끼는 행복감은 사람들이 생각하는 것처럼 길지 않다는 점에 주목할 필요가 있다. 목표를 달성한 뒤 느끼는 만족감과 행복감의 크기와 기간에 비해 바쳐야 할 희생과 노고를 생각하면 대가가 너무 적다고 느껴지기도 할 것이다.

우리는 과연 성공해야만 행복해지는 것일까? 설사 성공한다고 해도 우리가 느낄 행복감은 고작 3일 정도일 뿐인데, 성공할 때까지 우리의 모든 행복을 저당 잡히듯 미루어 놓아야 할까? 그렇지 않다. 성공이라는 장대한 꿈을 갖고 매진하면서도, 꿈이 이루어지기 전인 지금 이 순간에도 작고 아담한 행복을 맛볼 수 있다.

인생의 커다란 포부를 포기하고 성취의 노력을 하지 말라는 게 아니다. 그 꿈을 향해 달려가면서도 얼마든지 소소한 행복을 누리며 자신에게 동기 부여를 할 수가 있다는 뜻이다. 정적 정서 경험과는 거리가 먼 진지 모드로 달리다가는 동력이 떨어져 지치기 십상이다. 어쩌면 불행감에 힘든 시기를 겪다가 꿈마저 포기하게 될지도 모른다. 소소한 행복을 맛보면서 스트레스를 날리고 다시 기운을 차려 되돌아갈 힘을 얻는 것이 오히려 자신의 목표를 빨리 이뤄내는 길일 것이다.

주의할 점은 '누구를 위한' 소확행이냐는 것이다. 인터넷 블로그나 지인의 SNS에 올라온 누군가의 소확행을 생각 없이 따라 하는 것은 나를 위한 행복이 아니다. 나만의 소확행 리스트가 필요하다. 확실한 행복이란 말은 나에게 맞춤한 행복일 때 가능한 이야기다. 그러니 무작정 타인을 따라 하기보다 '나만의 확실한 행복 리스트'를 만들어 볼 것을 추천한다. 그러기 위해서는 먼저 자신이 언제, 어디서, 누구와 무엇을 할 때 정적 정서(기쁘다, 뿌듯하다, 평화롭다, 자신감이 차오른다, 만족스럽다, 흐뭇하다, 푸근하다, 열정적이다, 편안하다, 자랑스럽다 등)를 느끼는지 알아차릴 필요가 있다.

이를 알아차리는 데 도움이 되는 방법은 1주간, 2주간, 혹은 좀 더 길게 4주간 자신이 경험한 정서를 아래 표와 같이 기록하는 것이다. 자신의 내적 상태에 주의를 기울여 1~2주 간 기록을 했다면, 기록한 내용을 면밀히 살펴보아야 한다.

요일	정(+)적 정서	경험의 내용	부(-)적 정서	경험의 내용
일	상쾌함과 행복감	온 가족이 함께 북한산 둘레길 산행.	짜증스러움	휴일 아침 7시에 걸려 온 시어머니 전화.
	뿌듯함과 만족감	이제 둘째 녀석도 제법 자랐는지, 산행에서 아이들을 업거나 안을 필요가 없어짐.	피곤함과 약간의 짜증	산행에서 조금 무리했는지, 왼쪽 정강이가 당겨서 돌아올 때 힘들었음. 산에서 마실 물이 모자라 아이들이 조금 칭얼거렸고, 물을 충분히 준비 못한 것에 대해 남편에게 잔소리 들음.
	즐거움	산에서 내려와 온 가족이 함께한 샤브샤브집에서의 맛있는 저녁 식사.	불쾌감	자동차 문을 다른 차가 긁고 간 흔적 발견.
월	해방감	가족으로부터 벗어나 자유로운 나만의 영역(직장)으로의 복귀.	스트레스	뜻대로 진전되지 않는 업무.
화	놀라움	《최고선악론》을 읽으며 키케로의 식견과 논리적 주장에 대해 감탄함.	짜증	욕실을 깨끗이 사용하지 않는 남편과 아들.
수	기분 좋은 피곤함	저녁에 음악을 들으며 반신욕을 하는 동안 나른하게 피곤감마저 즐길 수 있었음.	불안감	남 탓을 하는 습관과 공격적인 언행으로 유명한 동료와 한 팀을 이루게 됨.
목	편안함	따뜻한 집에서 아들딸과 함께 저녁을 먹고, 거실에서 뜨개질을 하는 밤.		

정서 경험 기록 사례

예시에서처럼 자신이 느낀 정서 경험을 기록해 보면, 자신이 언제, 어디서, 누구와 함께 무엇을 할 때 어떤 정서를 느끼는지 파악할 수 있게 된다. 기록만으로도 자신이 경험한 정서에 대한 인식이 높아지게 되는 효과가 있을 뿐만 아니라, 가만히 펼쳐 놓고 들여다보면 자신을 기쁘고 행복하게 하기 위해 언제, 어디서, 누구와 함께, 혹은 혼자 무엇을 하면 되는지 답을 얻을 수 있다. 이렇게 작성해 둔 나만의 정서적 경험은 이후 '나확행 리스트'를 작성하기 위한 자료로 활용할 수 있다.

자신의 정서 경험을 기록했던 내담자는 가족들과의 주말 산행이 자신에게 꽤 큰 만족감을 준다는 것을 알아차리게 되었고 자기만의 나확행 리스트를 작성했다. 산행을 하며 겪은 부적 정서보다는 정적 정서에 가치를 두었으며, 다음 주말에도 가족 산행을 계획했다. 아울러 휴일 아침엔 받고 싶지 않은 전화는 멀리했고, 산행할 때 간식과 물은 충분히 준비하기로 했다. 또한 가족과 시간을 함께할 때 다양한 정적 정서 경험을 하였기에, 가족과의 시간을 늘리기로 마음먹었다.

자신이 정적 정서를 확실히 느낄 수 있는 활동 중에 그다음 한 주 동안 실천할 수 있는 것들을 계획했고, 실천에 옮긴 다음 그에 대한 점수를 매겼다.

서울에서 직장생활을 하며 두 아이를 키우는 워킹맘으로서 그녀는 매우 바쁘게 살고 있는 40대 여성이었다. 하지만 긍정심리 상담을 받으면서 나확행 리스트를 만들어, 매주 자신이 실천에 옮길 수 있는 자신만의 확실한 행복해질 거리들을 만들었고, 하나씩 실천해 가며 자신만의 행복을 착실히 챙겼다. 그녀는 이 과정을 통해 직장에서 소진되어 집에 돌아가 아이들에게 엄마 역할을 제대로 하지 못하는 전형적인 워킹맘의 모습에서 벗어날 수 있었다. 일과 삶의 균형점을 찾은 것이다.

요일	정적 정서 경험을 위한 행동 계획	구체적인 경험의 내용	점수
일	가족 산행	두 아이에게 트레킹화를 신기고, 각자 자기의 물병과 시리얼바가 든 배낭을 메고 출발, 산행 오르막길에 길에서 파는 오이도 하나씩 사서 가방에 넣고 올랐다. 지난번과는 달리 만반의 준비를 해서 그런지 아이들도 더 즐거워하는 것 같았고, 그런 아이들을 보니 나 역시 마음이 흡족했다.	7
	외식	북한산 둘레길 산행을 마치고, 천천히 산자락을 내려와 정릉입구의 유명한 콩나물국밥 식당에 들렀다. 싸고 맛있는 곳! 일요일 가족과 함께하는 외식은 언제나 즐겁다. 요리도 설거지도 할 필요 없으니까!	6
월	뜨개질	머리 아픈 회의로 시작한 월요일, 퇴근 후 저녁을 먹고 나서 거실 바닥 카펫 위에 앉아 음악을 들으며 뜨개질을 했다. 단순한 행위의 반복을 하며 차분히 머리를 식힐 수 있고, 완성되어 가는 카디건을 보며 기대에 찬 눈빛을 반짝이는 딸아이를 보니, 덩달아 기쁘다.	5
화	반신욕	음악을 들으며, 반신욕을 하니하루의 피곤이 다 씻겨 나가는 것 같다. 역시 따뜻한 온욕이 최고다.	3
수			

나확행 사례 예시

물론 가족과 함께 있는 시간이 즐겁기만 한 것은 아니었다. 짜증 나고 신경질 나는 경험도 있었다. 하지만 여기서 중요한 것은 우리가 가치 있게 여기는 존재와 더불어 활동하고 경험하는 정적 정서다. 부적 정서는 계획하고 실천하는 것이 부자연스럽고 그럴 필요도 없지만, 정적 정서는 그렇지 않다. 정적 정서는 우리가 의도적으로 계획한다면 실제 경험하는 게 가능하고, 그 결과 또한 행복에 기여하게 된다. 행복은 바로 이러한 정적 정서 경험이 가랑비에 옷 젖듯 한 방울 두 방울 쌓여서 맞이할 수 있다.

자, 이제 마음먹기에 달렸다. 오늘의 아픔과 괴로움을 꼭 붙든 채 아무것도 하지 않고 오늘을 보낼 것인가, 아니면 확실한 행복 리스트를 만들어 오늘 내가 찾을 수 있는 기쁨과 소소한 만족을 발굴할 것인가. 선택은 당신에게 달렸다.

● 나확행을 위한 준비 ●

단계 1. 아래의 칸에 직접 경험한 정서 경험을 기록해 보자.

앞서 제시했던 정서 어휘 목록표(p. 96)를 참고해, 그날그날 경험했던 대표적인 정서를 떠오르는 대로 두세 가지 기록해 보자. 해당 정서를 경험한 상황(언제, 어디서, 누구와, 무엇을, 어떻게)도 옆에 간략히 메모하면 좋다. 자신이 어떤 상황에서 그러한 정서를 느끼는지 파악하는 게 목적이므로, 한 달 정도 꾸준히 자료를 수집하길 바란다.

요일	정(+)적 정서	경험 내용	부(-)적 정서	경험 내용
일				
월				
화				
수				
목				
금				
토				

정서 경험 기록지

단계 2. 의도적으로 정적 정서 경험을 늘려가기 위한 계획과 실천 내용을 기록해 보자.

앞서 기록했던 일주일간 혹은 그 이상의 기간 동안의 정서 경험 기록지를 잘 살펴보고, 어떤 상황에서 누구와 무엇을 할 때 정적 정서를 느끼는지 살펴보자. 그리고 앞으로 일주일간 혹은 한 달 이내에 실천할 계획을 주간 또는 월간으로 세우고, 실천에 옮긴 뒤 그 경험에 대한 평가 점수를 기록해 두자.

정적 정서 경험을 위한 구체적인 행동 계획 목록, 즉 나확행 리스트를 만들어, 매주 자신이 실천에 옮길 수 있는 확실한 행복을 계획한 후, 하나씩 실천한다면 여러분도 일과 삶의 균형을 찾게 될 것이다.

요일	정적 정서 경험을 위한 행동 계획	구체적인 경험의 내용	정적 정서 경험을 위한 행동 계획	구체적인 경험의 내용	점수
일					
월					
화					
수					
목					
금					
토					

나확행 리스트와 실천 기록지

Chapter 4

행복에도 연습이 필요하다

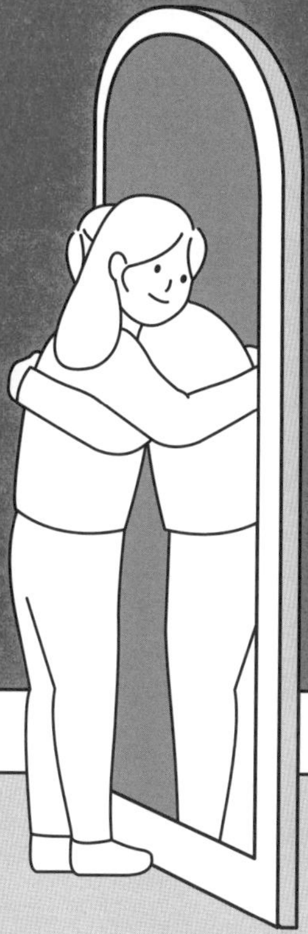

대한민국에서 중고등학교를 다닌 사람이라면 누구나 영어의 'If~, then~' 구문에 익숙할 것이다. 일상 속에서도 우리는 이런 조건절 혹은 가정법 미래 화법을 자주 구사한다. '수입이 늘면 행복할 텐데', '시험에 합격하면 기쁠 텐데', '5kg만 감량한다면 만족할 텐데' 하는 식으로 말이다. 원하는 목표가 이루어진다면 분명 좋을 것이다. 그러나 어떤 조건이 갖추어지고 나서야 행복이 온다고 믿는다면 우리에게 행복은 아득히 먼 일이 되고 만다.

연말 연봉협상에서 유리한 입지를 얻고 싶다면, 내년 입사 시험에 합격하고 싶다면, 여름 휴가에서 지금보다 멋진 몸을 뽐내고 싶다면, 계획이 필요하다. 차근차근 시간의 흐름에 따른 하위 목표와 이를 실행에 옮기는 과정 말이다. 시간의 흐름에 따라 차근차근 세워진 계획, 즉 과정을 밟아가는 일상을 가리켜 우리는 연습이라 한다. 행복 역시 과정이 필요하다. 이 챕터에서는 피, 땀, 눈물 속에서 자기 것으로 일궈가는 연습과 습관의, 습[習]으로서의 행복에 대해 다루고자 한다.

1. 행복도 습관이다

출근길에 우연히 복도에서 친한 직장 동료를 마주쳤다. 당신을 보고도 인사도 없이 쌩하니 가 버린 동료에게서 평소와 다른 냉랭한 기운이 감지됐다. '뭐야? 왜 날 보자마자 고개를 돌려 버리는 거지?' 당신은 기분이 가라앉았다.

'내가 뭘 잘못했나?', '어제 무슨 일이 있었지?' 시간을 되짚어가며 둘 사이에 뭐가 잘못되었나 곱씹는 사이 오전 근무시간이 훌쩍 지나갔다. 시간이 지날수록 찜찜한 기분에 불쾌한 생각이 연결되자 그동안 둘 사이에 있었던 일들 중 특별할 것 없었던 상황들까지 불편감이 덧입혀졌다. 시간이 지날수록 이성에서 벗어나 생각하고 있는 자신을 미처 깨닫지도 못한 채 마음이 복잡하게 얽히게 되고 퇴근길에 다시 동료와 마주쳤을 때, 당신의 표정은 딱딱하게 굳어 버렸다. 이번에는 동료가 이렇게 생각한다.

'뭐야? 왜 날 보자마자 저런 표정을 짓는 거지?'

긍정적인 사고 습관을 지닌 사람이라면 '아까 복도에서 우연히 봤는데 내가 인사해도 못 알아보고 왜 그래? 어디 몸이 안 좋은 거야?' 혹은 '무슨 일 있어? 표정이 안 좋던데?'라고 넌지시 문자 메시지를 보내 동료의 안위를 살핌과 동시에, 자신의 의구심을 떨칠 기회를 마련했을 것이다.

하지만 부정적 사고 습관을 가진 사람이라면, 또 하필 상대방 또한 부정적 사고 습관을 가진 사람이거나 비관적인 태도를 지닌 사람이라면, 둘 사이는 소통 없이 굳어지게 될 것이다. 그날 아침 동료는 당신을 미처 보지 못하고 가던 길을 갔던 것일 수 있다.

어쩌면 출근 전 집에서 겪었던 안 좋은 일에 사로잡혀 주위를 둘러볼 틈이 없었을 수 있으며, 하필 그 순간 속이 안 좋아 찡그리며 급하게 화장실을 가던 길이었는지도 모른다. 당신을 모른 체하거나 인사를 외면한 게 아니라, 다른 사정으로 당신을 알아볼 여유가 없었을 수 있다.

심리학에서는 이런 부정적인 사고 습관을 지닌 사람을 '비관적인 사람'이라고 하는데, 이 사람들은 우울증을 비롯한 심리적 장애와 관련이 높고 신체적으로도 질병에 취약하다. 반면, 긍정적인 사고 습관을 지닌 '낙관적인 사람'들은, 시련과 역경 속에서도 자신의 강점과 주변의 자원을 활용하여 잘 극복한다. 정서적으로나 심리적으로 안녕하고, 신체적으로도 건강한 것이다.[18] 실제로 교통사고를 겪고 병원에 입원한 환자들을 대상으로 한 연구 결과, 같은 사고를 경험했더라도 낙관적인 사고를 하는 사람들이 그렇지 않은 사람들보다 치료 예후가 더 좋다고 밝혀진 바 있다.[19]

간혹 사람들은 긍정적이고 낙천적인 사람을 게으르거나 철이 없다고 여기기도 한다. 하지만 무수히 많은 연구를 통해 긍정적인 사고 습관은 일생을 두고 상당한 힘을 발휘한다는 사실이 입증되었다. 낙관성은 정적 정서, 충만한 사기, 인내, 효과적인 문제 해결, 학업 또는 직업 성공, 사람들 사이에서의 호감, 신체의 건강, 긴 수명, 외상으로부터의 회복 등 일상생활을 해 나가는 데 있어 상당히 많은 긍정의 요소를 지닌다. 반면 비관적 태도는 우울, 수동성, 실패, 사회적 불화, 정신적 문제, 사망의 징후와 관련이 높다.

낙관적 태도가 주는 많은 이점과 비관적 태도가 주는 많은 단점에도 불구하고, 왜 어떤 사람들은 비관적인 태도를 버리지 못하고 습관으로 붙들고 있는 걸까? 당연한 이야기겠지만, 상담실에서 만나게 되는 사람들은 대개가 비관적이다. 자기 자신뿐만 아니라 타인에게도 비관적이며, 자신을 둘러싼 환경과 세상에 대해서도 비관적이다. 어떤 기대나 희망을 가졌다가 그 기대와 희망이 거절당하거나 실패할까 두려워 그 어떤 긍정적 기대나 희망도 갖지 않으려 고집스럽게 군다.

이제 막 서기 시작한 아이가 첫발을 떼는 순간, 그리고 생애 처음으로 계단을 오르는 순간을 떠올려 보자. 아이는 엄청난 두려움 속에서 한 발을 들어 앞으로 내딛는 것일 테다. 세상이 흔들리는 불안을 경험하면서도 기어이 한 발을 내딛어 본 아이만이 혼자 걸을 수 있고 뛸 수 있는 건강한 아이로 성장한다. 세상이 온통 흔들리는 순간, 불안하고 위험한 그 순간, 대체 무엇이 우리를 움직이게 하는 걸까?

그것은 바로 낙관성이다. 별다른 큰 외상이 없다면 인간은 본래 낙관적이다. 어쩌면 인간 특유의 가장 강력한 본성은 희망 또는 낙관성일 것이다. 인간이 무한한 잠재력을 발휘해 가며 문명을 이루는 진화 과정에서 가장 강력한 엔진 역할을 했던 이 낙관성을 가리켜 '진화된 심리적 기제'라고 부르는 까닭이 바로 여기에 있다. 이러한 관점에서 심리학자들은 장차 미래에 좋은 일이 있을 것이며, 지금 겪는 나쁜 일들은 해결될 거라는 일반적인 기대감을 의미하는 '성향적 낙관성dispositional optimism'을 성격의 일부로 간주한다.

어려움과 장애에도 불구하고 장차 자신이 바라는 목표가 성취될 거라 믿는 정도에 따라 사람들의 낙관성 및 희망 수준을 판단할 수 있다. 낙관적인 사람은 목표를 달성하기 위한 노력을 계속 이어가지만, 비관적인 사람은 어려움과 장애를 만나면 포기를 선택한다.[20] 희망적인 사람은 온 힘을 다해 자신의 목표를 추구하고 목표 달성을 향한 의지가 강할수록, 마주치게 되는 장애나 문제를 해결하기 위해 매우 다각적인 방면에서 적극적으로 찾는다.

미래에 대해 낙관적이고 희망적인 사람일수록 자기 자신과 타인, 그리고 세상에 긍정적이다. 시련과 역경에 직면했을 때도 건강한 믿음으로 이겨 낼 힘을 얻는 것이다. 반면 미래에 대해 비관적이고 절망적인 사람일수록 자기 자신과 타인, 그리고 세상에 대해 부정적이다. 당연히 그 누구도 믿지 못하게 된다. 시련과 역경에 직면했을 때 스스로 이겨 낼 힘을 내기는커녕 누군가에게 필요한 도움을 요청할 수도 없을뿐더러, 시련과 역경을 마주할 기회조차 스스로 회피한다.

어느 누구도 과거를 지우거나 바꿀 수 없듯이, 어느 누구도 미래를 마음대로 좌지우지할 수 없다. 과거도 미래도 우리의 통제권 밖에 있으며, 우리가 통제할 수 있는 것은 바로 오늘, 그나마도 내가 생생하게 깨닫고 느낄 수 있는 바로 지금 이 순간뿐이다. 충실히 살아내는 지금 이 순간이 흘러 나의 새로운 과거가 되고, 오늘 내가 보낸 하루에 따라 오지 않은 미래의 방향도 변화된다. 지금 이 순간을 있는 그대로 받아들이고 철저히 나 자신으로서 온 마음을 다해 현재에 임하는 것만이 역설적이게도 과거와 미래를 통제할 수 있는 유일한 길이다.

지나온 과거에 대해 후회하고 분통해 하느라 지금을 놓치는 사람들, 그리고 아직 오지 않은 미래에 대해 불안해하고 두려워하느라 소중한 오늘을 제대로 살지 못하는 사람들을 볼 때마다 안타까운 까닭이 여기에 있다.

앞서 복도에서 우연히 마주친 직장 동료가 자신을 일부러 모른 척했다고 생각하고 불편한 감정에 휩싸여 있던 회사원의 사례에서 짚어 보았듯이, 부정적인 사고는 부적 정서를 동반한다. 또한 부적 정서는 우리로 하여금 현재에 온전히 머물지 못하도록 방해한다.

인생은 스포츠 경기와 같다. 축구 경기장이든 야구 경기장이든 지면 속상할까 봐 자기 팀에 아무런 기대를 하지 않으려 애쓰며 침묵하는 관객은 없다. 설사 상대 팀에 비해 우리 팀이 객관적 전력이 열세라 하더라도 우리는 우리 팀을 진심으로 응원한다. 기대와 달리 경기에 져 사기가 꺾일 때도 있지만, 다음 경기에 임하게 되면 언제 그랬냐는 듯 우리는 다시 맹렬하게 우리 팀을 응원한다. 스포츠 경기에서도 이러할진대, 인생에 대해서는 더 말할 것도 없지 않은가.

우리는 모두 자신의 인생 게임에서 플레이어로 뛰는 자기 자신을 열렬히 응원하는 팬이어야 한다. 상처 입은 채 넘어지더라도 다시 일어서라고, 다시 해보자고, 해낼 수 있다고, 결국 해낼 거라고 힘을 북돋아 주는 무조건적인 지지자여야 한다. 낙관성은 우리가 우리 인생의 플레이어인 우리 자신의 열렬한 팬일 때, 절망 속에서도 희망을 이야기할 때 길러질 수 있다는 것을 잊지 말자.

희망 점검

아래는 삶을 바라보는 태도로서의 희망을 점검할 수 있는 내용이다. 미국의 저명한 희망이론 학자[21]들이 개발한 것으로, 간략하게 번안한 것이다. 다음 문항을 잘 읽고 자신을 가장 잘 나타낸다고 생각되는 정도에 표시해 보자.

번호	문항	전혀 그렇지 않다	그렇지 않다	보통이다	그렇다	매우 그렇다
1	불안한 상황에서도 나는 보통 최선의 결과가 나타나리라고 기대한다.	①	②	③	④	⑤
2	나에게 나쁜 일이 일어날 것 같을 때는 꼭 나쁜 일이 일어난다.	⑤	④	③	②	①
3	나는 항상 내 미래에 대해 낙관적이다.	①	②	③	④	⑤
4	내 뜻대로 일이 진행되리라고 거의 기대하지 않는다.	⑤	④	③	②	①
5	나에게 좋은 일이 일어나리라는 기대를 하지 않는다.	⑤	④	③	②	①
6	전반적으로 볼 때 나에게 나쁜 일보다는 좋은 일이 더 많이 일어날 것이라고 예측한다.	①	②	③	④	⑤
총점		______ 점				

● 결과 ●

앞의 항목에서 표시한 값을 모두 더하면, 그것이 곧 자신의 희망 점수가 된다. 특별히 비교할 만한 준거 점수가 제시되어 있진 않지만 점수 분포가 최하 6점에서 최고 30점 사이이므로, 이에 준하여 자신의 위치를 가늠할 수 있다. 점수가 높을수록 희망 수준이 높은 것으로 풀이하며 대개 10점 이하는 주의를 요하는 하위 수준, 20점 이상이라면 중상위에 속한다고 볼 수 있다.

구분	점수 분포			
총점 (해당 칸에 체크하세요)	6~12점	13~18점	19~24점	25~30점
의 미	희망 수준 하위 그룹	희망 수준 중하위 그룹	희망 수준 중상위 그룹	희망 수준 상위 그룹

2. 애써야 얻을 수 있는 행복, 심리적 안녕

갓 서른이 된 한 여성이 상담실에 찾아왔다. 지금 만나고 있는 남자 친구를 계속 만나야 할지 아니면 관계가 더 깊어지기 전에 헤어져야 할지 고민이라고 했다. 그녀보다 다섯 살이 많은 남자 친구는 경제적으로 넉넉한 가정에서 자라 큰 어려움을 겪은 적이 없었고 그의 부모님은 외아들인 남자 친구가 원하는 건 뭐든 할 수 있도록 지원을 아끼지 않았다. 성격이 모난 데 없이 둥글둥글한 그에게 그녀는 호감을 갖게 되었다. 그러나 만남이 지속될수록 남자 친구의 지나친 편안함이 안일함으로 보이고, 넉넉한 마음이 나태함으로 느껴졌다고 고백했다. 그녀는 이 남자를 인생의 반려자로 믿어야 할지 갈등하고 있었다.

이 여성은 넉넉지 않은 가정 환경에서 성장해 대학 시절 내내 아르바이트를 쉬어 본 적이 없고, 학자금 대출을 받아가며 스스로 학비를 마련해 졸업했다. 지금 직장은 월급이 높진 않지만 안정적인 곳이라 앞으로 2~3년 정도 더 근무하며 저축한 뒤 대학원에 진학하려는 꿈도 있었다.

처음에는 항상 밝은 표정에 큰 걱정 없이 지내며, 자기 삶에 만족도가 높아 보이는 남자 친구가 매력 있어 보였다. 하지만 차츰 시간이 지날수록 삶의 목적이나 미래에 대한 포부 없이 지금 현재를 즐기기만 하는 모습에 실망하게 되었다고 털어놓았다. 언제나 쪼들리는 형편과 미래에 대한 불안 때문에 현재를 즐기지 못하는 자신의 삶이 만족스러운 건 아니지만, 어떤 도전이나 노력 없이 즐겁고 여유롭게만 살고자 하는 남자 친구가 불안하게 느껴져 계속 만남을 이어가는 게 옳은 일인지 싶다며 고민이라고 했다.

여러분의 생각은 어떤가? 여러분은 인생을 즐기는 쪽인가? 아니면 뭔가를 이루기 위해 노력하는 쪽인가? 무 자르듯 구분할 수 없는 일이지만, 한번쯤 자신의 삶의 태도를 점검해 볼 필요가 있다.

위스콘신대학교의 캐롤 리프 교수는 쾌락적 관점의 행복론에 근거한 에드 디너 박사의 주관적 안녕 개념에 문제를 제기하며, 심리적 안녕PWB, psychological well-being이라는 새로운 개념을 제시했다. 주관적 안녕감은 정서적 측면에 초점이 맞추어져 있어서 개인이 느끼는 주관적 안녕을 충분히 포괄하지 못한다는 게 이유였다. 이런 이유로 에드 디너의 주관적 안녕감은 캐롤 리프의 심리적 안녕감과 대비하여 정서적 안녕감emotional well-being이라 불리기도 한다.

앞의 사례에서 등장한 남자 친구는 정서적으로 별 고통 없이, 자신의 삶에 만족하며 잘 지내고 있는 사람이라 볼 수 있다. 그러나 뚜렷하게 하는 일 없이 부모님의 경제력으로 생활하면서 굳이 직업을 가질 필요조차 느끼지 못하는 어른 아이이기도 하다. 그는 자신이 행복하고 만족스러운 삶을 살고 있다고 생각하지만, 과연 정말 안녕하고 행복한 게 맞는지 의문이 드는 것도 사실이다. 리프 교수는 바로 이 점을 지적하며, 개인이 스스로 느끼는 것만으로 안녕하다고 판단하기에는 부족하며, 실제 잘 살고 있는지 구체적으로 따져 보아야 한다고 주장했다.

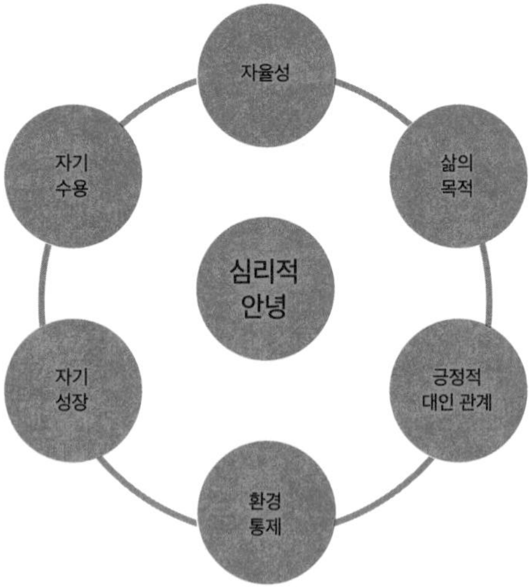

심리적 안녕의 구성 요소

이를 위해 리프 교수는 인본주의 심리학의 완전히 기능하는 인간 full-functioning person과 자기실현 self-actualization 개념에 기초하여 심리적 안녕 개념을 고안했다. 심리적 안녕은 구체적으로 자율성, 자기 수용, 자아 성장, 환경에 대한 통제력, 긍정적 대인 관계, 삶의 목적 등 여섯 차원으로 이루어져 있다. 이 개념에 따르면, 단순히 쾌(+)의 정서를 많이 느끼고 불쾌(-)의 정서를 덜 느끼거나, 자신의 삶에 대해 스스로 만족하고, 정서적 수준의 안녕만으로는 한 개인의 행복을 가늠하기 충분치 않다고 본다. 실제로 자기 삶에서 얼마나 잘 기능하고 얼마만큼의 자기실현을 해내고 있는가가 더 중요하다는 것이다.

이 개념은 철학적으로 아리스토텔레스의 자기실현적 행복론 eudaimonic happiness에 그 뿌리를 둔다. 아무리 정서적으로 행복하다고 느끼더라도, 스스로 선택하고 결정하는 자율성이 낮고 자기 자신을 있는 그대로 받아들이지 못하며, 대인 관계에서 많은 갈등이 있다면 행복하다고 볼 수 없다는 것이다. 아무리 자신의 삶에 만족한다고 할지라도, 삶에 대한 목적이 불분명하고 자신을 둘러싼 환경을 적절히 활용하거나 적응하는 능력이 부족하다면 이 역시 행복하다고 볼 수 없다. 이 관점은 감정보다는 이성과 윤리를 중시하는 서양 철학의 스토아학파, 동양 철학의 공자나 관자(관중)의 사상과 맞닿아 있다.

심리적으로 자기 자신에 대한 뚜렷한 개념이 정립됨은 물론이고, 자신을 둘러싼 인적 환경 및 물리적 환경 속에서 적절히 기능할 줄 앎과 동시에, 거시적 관점에서 자신의 삶에 대해 안목을 갖고 살아간다는 것은 자기실현적 삶을 살아가고 있는 성숙한 사람의 특징이다.

앞의 사례 속 여성은 경제적으로 여유롭지 못하고 원하는 일을 하며 살고 있지 못해 정서적으로는 행복감과 만족감이 부족했다. 하지만 자신의 능력과 미래의 목표를 명확하게 이해하고 있었다. 미래를 설계하고 꿈을 실현하기 위한 노력을 보았을 때 그녀의 심리적 성숙도는 상당히 높다고 할 수 있다. 반면, 그녀보다 다섯 살이 많은 남자 친구는 정서적으로는 그녀보다 더 행복했을지 몰라도, 심리적으로는 훨씬 미성숙하다고 할 수 있다.

심리적 안녕의 여섯 가지 차원이 고르게 높은 사람은 심리적으로 건강한 사람이다. 반대로 전문가와의 상담이나 치료가 필요한 사람들은 두드러지는 병리나 증상이 있으면서 동시에 이 심리적 안녕이 낮은 경우가 대다수이다. 자신의 심리적 안녕이 어떤지 궁금하다면 다음 페이지에서 소개하는 질문지를 꼼꼼하게 체크해 보기를 바란다.

심리적 안녕은 여섯 개의 하위 차원들로 구성된 만큼 문항 수(46개)가 많지만, 이 책에서는 차원별로 3개씩 총 18개 문항으로 구성된 단축형을 소개한다.

● 심리적 안녕을 재는 저울 ●

문항	내용	전혀 그렇지 않다	그렇지 않다	그렇지 않은 편이다	그런 편이다	그렇다	매우 그렇다
1	나에게 주어진 상황은 내게 책임이 있다고 생각한다.	①	②	③	④	⑤	⑥
2	대다수의 사람들과 의견이 다를 경우에도 내 의견을 분명히 말하는 편이다.	①	②	③	④	⑤	⑥
3	나에 대해 자부심과 자신감을 갖고 있다.	①	②	③	④	⑤	⑥
4	나는 무슨 일을 결정하는 데 있어 다른 사람들의 영향을 받지 않는 편이다.	①	②	③	④	⑤	⑥
5	가족이나 친구들과 친밀한 대화를 나누는 것을 즐긴다.	①	②	③	④	⑤	⑥
6	매일의 생활에서 내가 해야 할 책임들을 잘 해내고 있다.	①	②	③	④	⑤	⑥
7	나 자신과 인생살이에 자극을 줄 만한 새로운 경험을 하는 것이 중요하다고 생각한다.	①	②	③	④	⑤	⑥
8	가끔 매일 하는 일들이 사소하고 중요하지 않은 것처럼 느껴진다.	⑥	⑤	④	③	②	①
9	내 성격의 거의 모든 면을 좋아한다.	①	②	③	④	⑤	⑥
10	그동안 한 개인으로서 크게 발전해 왔다고 생각한다.	①	②	③	④	⑤	⑥
11	내가 세운 계획을 어떻게 해서라도 실천하려고 노력한다.	①	②	③	④	⑤	⑥
12	나는 인생 목표를 가지고 살아간다.	①	②	③	④	⑤	⑥
13	나에게 있어서 삶은 끊임없이 배우고, 변화하고, 성장하는 과정이었다.	①	②	③	④	⑤	⑥
14	내 친구들은 믿을 수 있고 그들도 나를 믿을 수 있다고 생각한다.	①	②	③	④	⑤	⑥
15	과거를 돌이켜보면 좋았던 때도 있었고 힘들었던 때도 있었지만 대체로 만족한다.	①	②	③	④	⑤	⑥
16	스스로 정한 기준에 의해 나 자신을 평가하지, 남들의 기준에 의해 평가하지 않는다.	①	②	③	④	⑤	⑥
17	내 가정과 생활방식을 내 맘에 들도록 꾸려올 수 있었다.	①	②	③	④	⑤	⑥
18	다른 사람들과 다정하고 신뢰 깊은 관계를 별로 경험하지 못했다.	⑥	⑤	④	③	②	①

● 결과 ●

합산 총점이 높을수록 심리적 안녕이 높다고 볼 수 있지만, 하위 차원별 점수를 살펴보는 데 더 큰 의미가 있다. 자신이 심리적 안녕감의 어느 영역에서 부족한지 혹은 잘 기능하고 있는지 파악하는 데 중점을 두자.

하위 차원	문항	합산 점수
자율성	2, 4, 16	
환경에 대한 통제	1, 6, 17	
개인적 성장	7, 10, 13	
삶의 목적	8, 11, 12	
긍정적 대인 관계	5, 14, 18	
자아 수용	3, 9, 15	
총 점	18개 문항 전체	

3. 행복을 틔우는 씨앗, 성격 강점

집단 상담을 해 보면 자신의 성격에 불만을 토로하는 사람이 생각보다 꽤 많다는 걸 알 수 있다. 몇 해 전 상담실에 찾아왔던 30대 여성 Y는 평소 남의 부탁을 들어주느라 정작 자신의 것을 제대로 챙기지 못해 걱정이라고 했다. 타인과의 관계에서 늘 손해를 보는 것 같다고 털어놓았다. 그녀는 이러한 성격으로 직장에서 과중한 업무를 떠맡고 있었고, 업무 스트레스와 함께 대인관계에서의 낮은 자존감을 호소하며 우울해했다.

집단 상담에서 그녀는 자신이 모자란 것 같고 남 좋은 일만 하는 것 같다며 그런 자신이 싫어 견딜 수 없다고 하소연했다. 상담자의 분석과 더불어 성격 강점 검사를 종합한 결과 자신의 대표 강점이 친절과 배려심으로 나오자, 그녀는 결과를 받아들이기 어려워했다. 어려운 상황에 처한 사람들을 그냥 지나치지 못하고, 자기 일을 미루더라도 남을 먼저 도와야 마음이 편한 그녀의 친절한 성격은 정말 그녀의 생각대로 단점일까?

Y와 함께 집단 상담에 참여했던 사람들은 자신의 삶에서 만났던 친절한 사람들에게 좋은 인상을 갖고 있었다. 20대 후반의 여성 A는 고등학교 야간자율 학습시간에 갑자기 배가 아파 책상에 엎드린 채 이러지도 저러지도 못하고 끙끙거린 적이 있었다. 신학기라 서로 서먹하고 아는 아이도 별로 없던 상황에서 자신에게 다가와 어디가, 어떻게 불편한지 물은 사람은 반장이었다. 반장은 도움이 필요한 상황을 알아채고 선생님께 상황을 알린 후 그녀의 부모님께도 대신 전화해 주었다. 적극적으로 나서서 대처해 준 그 친구와는 고등학교 3년 내내 절친하게 지냈다고 했다.

옆자리에 앉아 있던 30대 여성 B는 얼마 전 운전하면서 문자 메시지를 확인하다 길옆에 주차되어 있던 외제 자동차를 들이받은 일을 이야기했다. 멀쩡히 주차된 차를 들이받았으니 스스로 생각해도 황당한 일이었다. 피해 차량 소유자에게 사고를 알리는 전화를 하면서 잔뜩 주눅이 들 수밖에 없었다고 했다. 일요일 이른 아침, 잠이 덜 깬 듯한 목소리로 전화를 받던 피해 차량의 주인은 알았다는 짧은 대답을 남기고 전화를 끊었는데, 주차장에 나타나 이리저리 차를 살피더니 "많이 놀라셨겠어요"란 말부터 꺼냈다. 운전하다 보면 뜻밖의 사고가 나기도 한다며, 보험사에 연락은 했는지 묻더니 자기 차량 보험사에 전화를 걸어 필요한 조치를 한 다음 "조심해서 운전하세요. 이런 날은 되도록 운전은 쉬는 게 좋습니다"라는 말을 남기고 돌아갔다고 했다.

나중에 보험사 직원을 통해 들은 이야기로는, 그는 수리 기간

동안 당연하게 이용할 수 있는 렌터카 서비스를 이용하지 않았고, 대중교통 이용료만 받는 것으로 사고를 마무리지었다. 비슷한 사고가 났을 때 피해 차량 소유주가 보이는 통상적인 반응과는 너무나 달랐고, 사고 처리 과정에서 흔하게 일어나기도 하는 불필요한 잡음을 전혀 일으키지 않은 상대방이 어찌나 고마웠는지 모른다는 이야기였다.

여러 집단원들이 각자 자신의 인생에서 만났던 친절한 사람과의 고마운 일화를 이야기하기 시작했고, 누군가의 배려심과 이타심이 갖는 선한 영향력에 대해 활발히 토론하게 되었다. 그녀는 차츰 자신의 친절한 성격이 인생에 불러온 좋은 인연들을 되살릴 수 있었다. 그리고 그것이 얼마나 큰 강점인지 새롭게 조망하게 되면서 잃었던 자존감을 회복할 수 있었다.

상담을 하다보면 자신이 가진 성격적 강점마저도 문제로 해석하고 결점으로 풀이하는 습관이 있는 내담자들을 자주 보게 된다. 지나치게 엄격한 시선으로 자기 자신을 감찰하기도 하고, 이익과 손해 관점에서 자신을 평가하는 경우가 의외로 많은 것을 보고 놀랄 때가 많다. 자기 스스로에게 냉정한 평가자의 시선 혹은 삐딱한 부정적인 시선을 갖게 되면, 종국에는 자신을 싫어하게 되는 우를 범하게 된다. 자기 비하와 자기 부정은 자존감을 떨어뜨리게 하고 우울로 가게 하는 주범이다.

이러한 부정적 태도는 심리학이라는 학문 자체가 갖고 있는 오래 묵은 문제이기도 하다. 하버드대학교 철학과 교수였던 윌리엄 제임스가 최초로 강좌를 개설하며 독립된 학문으로 발생한 심리학은 다음의 세 가지를 사명으로 출발했다. 첫째는 아픈 사람들을 치유하는 것, 둘째는 뛰어난 사람들을 탐구하여 그들로부터 배울 점을 후대에 전수하는 것, 셋째는 보통 사람들이 더 나은 삶을 살도록 돕는 것이다.

그러나 두 차례의 세계대전 발발 이후, 특히 2차 대전 이후 심리학은 정신병리의 치료와 결함의 교정에 집중하게 되면서 나머지 두 사명과는 멀어지게 되었다. 특히 보통 사람들의 삶을 보다 건강하고 행복하도록 돕는 중요한 사명은 21세기를 목전에 둔 1999년까지 오래도록 학자들의 관심을 받지 못했다.

인간의 성격에 대해서도 병리를 진단하고 분류해 내기 위한 목적으로만 탐구해 왔기 때문에, 우리 모두는 성격 검사를 통해 어느 정도의 병리를 지닌 존재가 되고 말았다. 가장 널리 사용되는 성격 검사인 MMPI(미네소타 다면적 인성 검사)는 열 개의 임상 소척도에서 30점 이하 70점 이상의 점수를 획득하면 병리가 있는 것으로 해석하지만, 대략 40점 이하 혹은 60점 이상의 점수를 획득해도 병리를 의심받는다. 설사 정상 범위의 점수를 획득하더라도 임상 소척도 점수의 프로파일이 대표적인 병리 프로파일과 유사하다면 위험군으로 해석하는 등 병리 범위를 확대하는 방식으로 진화해 왔다.

어떻게든 병리적 요소를 찾아내려는 전문가의 노력이겠지만, 이런 태도가 결코 인간을 더 바람직한 방향으로 이끈다고는 할 수 없다. 어느덧 심리학자들은 보통 사람들이 더 건강하고 더 행복한 삶을 살 수 있게끔 기여해야 한다는 중요한 본래 사명을 잊어버리고, 보통 사람마저 병리적 관점으로 평가하고 진단해 버리는 왜곡을 불러일으켰다.

21세기를 맞아 학자들 사이에서, '심리학은 왜 병리적 성격을 가려내는 진단에는 그토록 열성적이면서 건강한 성격에 대해서는 아무런 지침이나 어떠한 제안도 하지 못하였는가'라는 반성의 목소리가 일었다. 이전에는 빨간 망토를 입고 악당을 무찌르는 슈퍼맨을 자처하던 심리학자들의 태도가 심리학 전반에 널리 퍼져 있었으나, 지금 우리가 맞이한 21세기는 초록 망토를 휘날리며 선한 사람을 찾아 칭찬과 격려를 하는 새로운 슈퍼맨을 요구하는 시대로 바뀌었다.

이 새로운 흐름에 따라 심리학자들은 건강하고 행복한 삶으로 이끄는 좋은 성격good character을 탐구하기 시작했고 그 결과, 성격 강점 검사 VIA Inventory를 개발했다. 이는 앞서 이야기했던 병리적 성격을 가려내기 위한 대표적인 도구인 MMPI와는 반대로, 건강한 성격에 관한 검사다. 이 검사는 마틴 셀리그만 교수와 크리스토퍼 피터슨 교수를 중심으로 전 세계의 다양한 분야의 학자들이 모여 수년간에 걸친 토론 끝에 10여 개의 준거를 설정하고, 그에 합당한 조건을 가진 성격적 요소만을 추려 최종적으로 다음 페이지에 소개된 것과 같이 24개 성격 강점을 선별해 냈고, 크게 여섯 가지 덕목으로 분류했다.

덕목	성격 강점	정의
지혜/지식	창의성	새롭고 생산적인 방식으로 사고하는 것.
	호기심	대상이나 주제에서 흥미진진함을 발견하는 것.
	개방성	여러 가지 측면을 적극적으로 고려하여 생각하는 것.
	학구열	개인적 흥미에 몰두하여 새로운 것을 체계적으로 알아가는 것.
	통찰/조망	지혜로운 사람들이 소유한 긍정적인 특질로서 세상을 바라보는 넓은 관점.
용기	용감함	위협, 도전, 역경, 고통에도 불구하고 선을 위해 물러서지 않는 행동 성향.
	인내	장애, 역경, 낙담에도 불구하고 시작한 것을 지속하는 목표지향적인 행동.
	진정성	가식 없이 자신의 감정과 행동에 용감하고 책임감 있게 진실한 방식으로 행동하는 것.
	열정/활력	일과 삶에서 생동감과 활력을 갖고 적극적으로 임하는 것.
인간애	사랑	타인과의 친밀한 관계에 가치를 두며 긴밀한 관계를 유지하는 것.
	친절	타인에게 호의를 베풀고 선을 행하는 것.
	사회지능	자기와 타인의 동기와 감정을 인식하고, 다양한 사회적 상황에서 적절한 행동이 무엇인지 아는 것.
정의	시민의식	집단의 구성원으로서 제 역할에 충실하며 주어진 본분을 하는 것.
	공정성	개인적 감정이나 편견에 따라 판단하지 않으며, 모든 사람을 공평하게 대하는 것.
	리더십	집단 내에서 좋은 관계를 유지하면서 조직을 잘 관리하고 구성원들을 격려하는 것.
절제	용서/자비	타인의 단점을 수용하는 것, 잘못을 저지른 사람을 용서하고 다시 기회를 주는 것.
	겸손/겸양	자신의 능력과 성취에 대해 과대평가 또는 과소평가가 아닌 정확한 이해.
	신중성	과도한 위험을 무릅쓰지 않으며 신중하게 행동하는 것.
	자기조절	자신의 욕구, 정서(감정), 행동을 조절하는 것.
초월성	심미안	자연, 예술, 일상적 경험 등 다양한 삶의 영역에서 아름다움과 탁월함을 발견하고 주목하여 감상할 줄 아는 것.
	감사	일어난 좋은 일들을 깨닫고 이에 감사할 줄 아는 것.
	낙관성	미래에 대한 긍정적인 기대를 갖고, 이를 성취하기 위해 노력하는 것.
	유머	웃는 것을 좋아하고, 타인을 웃게 만들거나 상황을 유쾌하게 만드는 능력.
	영성	존재 이유와 더 큰 삶의 목적에 대한 확고한 신념과 실천.

24가지 성격 강점과 덕목 분류

이 성격 강점 검사는 온라인에서 세계 각국의 언어로 받아볼 수 있는 무료 검사다. 온라인 사이트 https://www.viacharacter.org에 접속해서 회원 가입을 한 뒤 TAKE THE FREE SURVEY 탭을 클릭하면 바로 검사가 가능하다. 한국어 선택도 가능한 사이트라 어려움은 없을 것이다. 이 검사는 기존 병리 모델에서 제시되었던 검사들과는 달리 점수 자체가 중요하지 않기 때문에, 평균값을 제시한다거나 다른 사람의 점수와 비교하지 않는다. 그보다는 자신의 대표 강점이 무엇인지 정확히 알고, 그 대표 강점을 삶에서 적극적으로 활용하도록 강조한다.

검사 결과는 가장 높은 점수를 받은 성격 강점 1위부터 가장 낮은 점수를 받은 성격 강점 24위까지 순위에 따라 제시된다. 상위 다섯 개의 성격 강점을 대표 강점signature strength이라 하는데, 이는 그 사람의 대표적인 성격 특질이다. 만약 검사 결과 대표 강점이 심미안, 학구열, 진정성, 낙관성, 친절의 순으로 나왔다면 이 다섯 가지 대표 강점은 다른 사람과 구분되는 그 사람만의 고유한 대표적 성격 강점이다.

온라인 사이트의 검사가 부담스럽다면, 간편하게 해 볼 수 있는 단축형 검사를 소개하겠다. 다음 제시된 문항들에 진솔하게 응답한 후, 채점표에 해당 문항에 표시된 자신의 점수를 합산하여 기입한다. 120문항짜리 검사를 48개로 짧게 줄인 터라 정확도는 다소 부족할 수 있지만, 점수가 높은 상위 다섯 개의 강점이 자신의 대표 강점일 확률이 높다.

대표 성격 강점 알아보기

번호	문항	매우 비슷하다	거의 비슷하다	비슷한 면이 있다	별로 비슷하지 않다	전혀 비슷하지 않다
1	언제나 세상에 호기심이 많다.	⑤	④	③	②	①
2	쉽게 싫증을 낸다.	①	②	③	④	⑤
3	새로운 것을 배울 때 전율을 느낀다.	⑤	④	③	②	①
4	박물관이나 다른 교육적 장소에 한 번도 가 본 적이 없다.	①	②	③	④	⑤
5	판단력이 필요한 주제가 있을 때면, 아주 이성적으로 사고한다.	⑤	④	③	②	①
6	성급하게 판단하는 경향이 있다.	①	②	③	④	⑤
7	어떤 일을 하는 데 필요한 새로운 방법을 찾는 걸 좋아한다.	⑤	④	③	②	①
8	내 친구들은 대부분 나보다 상상력이 뛰어나다.	①	②	③	④	⑤
9	어떤 성격의 단체에 가도 잘 적응할 수 있다.	⑤	④	③	②	①
10	다른 사람들의 감정에 아주 둔하다.	①	②	③	④	⑤
11	항상 꼼꼼히 생각하고 더 큰 것을 볼 줄 안다.	⑤	④	③	②	①
12	내게 조언을 구하러 오는 사람은 거의 없다.	①	②	③	④	⑤
13	강력한 반대도 무릅쓰고 내 주장을 고수할 때가 많다.	⑤	④	③	②	①
14	고통과 좌절 때문에 내 의지를 굽힐 때가 많다.	①	②	③	④	⑤
15	한 번 시작한 일은 끝까지 해낸다.	⑤	④	③	②	①
16	일을 할 때면 딴전을 피운다.	①	②	③	④	⑤
17	약속을 반드시 지킨다.	⑤	④	③	②	①
18	친구들은 내게 솔직하게 말하는 법이 없다.	①	②	③	④	⑤
19	자발적으로 이웃을 도와준다.	⑤	④	③	②	①
20	다른 사람들의 행운을 내 일처럼 좋아한 적이 거의 없다.	①	②	③	④	⑤
21	본인의 기분과 행복 못지않게 내 기분과 행복에 관심을 기울이는 사람이 있다.	⑤	④	③	②	①
22	다른 사람들이 베푸는 사랑을 제대로 받아들이지 못한다.	①	②	③	④	⑤
23	어떤 단체에 가입하면 최선을 다한다.	⑤	④	③	②	①
24	소속 집단의 이익을 위해 내 개인적인 이익을 희생시킬 생각은 없다.	①	②	③	④	⑤

번호	문항	매우 비슷하다	거의 비슷하다	비슷한 면이 있다	별로 비슷하지 않다	전혀 비슷하지 않다
25	어떤 사람에게든 똑같이 대한다.	⑤	④	③	②	①
26	내가 싫어하는 사람을 공정하게 대하기가 힘들다.	①	②	③	④	⑤
27	일일이 참견하지 않고도 사람들이 단합해 일하도록 이끌어 준다.	⑤	④	③	②	①
28	단체 활동을 조직하는 데는 소질이 없다.	①	②	③	④	⑤
29	내 정서를 다스릴 줄 안다.	⑤	④	③	②	①
30	다이어트를 지속하지 못한다.	①	②	③	④	⑤
31	다칠 위험이 있는 일은 하지 않는다.	⑤	④	③	②	①
32	나쁜 친구를 사귀거나 나쁜 사람들을 만나는 경우가 있다.	①	②	③	④	⑤
33	다른 사람들이 나를 칭찬할 때면 슬그머니 화제를 돌린다.	⑤	④	③	②	①
34	스스로 한 일을 추켜세우는 편이다.	①	②	③	④	⑤
35	음악, 미술, 연극, 영화, 스포츠, 과학, 수학의 아름다움과 경이로움을 보고 전율한 적이 있다.	⑤	④	③	②	①
36	평소에 아름다움과는 전혀 무관하게 지낸다.	①	②	③	④	⑤
37	아무리 하찮은 일이라도 항상 고맙다고 말한다.	⑤	④	③	②	①
38	내가 받은 은혜에 대해 거의 생각하지 않는다.	①	②	③	④	⑤
39	항상 긍정적인 면만 본다.	⑤	④	③	②	①
40	내가 하고 싶은 일을 하기 위해 철저하게 계획한 적이 거의 없다.	①	②	③	④	⑤
41	삶의 목적이 뚜렷하다.	⑤	④	③	②	①
42	사명감이 없다.	①	②	③	④	⑤
43	과거의 것을 문제 삼지 않는다.	⑤	④	③	②	①
44	기어코 복수하려고 애쓴다.	①	②	③	④	⑤
45	되도록 일과 놀이를 잘 배합한다.	⑤	④	③	②	①
46	우스갯소리를 거의 할 줄 모른다.	①	②	③	④	⑤
47	무슨 일을 하든 전력투구한다.	⑤	④	③	②	①
48	의기소침할 때가 많다.	①	②	③	④	⑤

결과

채점표								
강점	호기심	학구열	개방성	창의성	사회 지능	통찰	용감함	인내
문항 합산	1 + 2	3 + 4	5 + 6	7 + 8	9 + 10	11 + 12	13 + 14	15 + 16
점수								
강점	진정성	친절	사랑	시민 의식	공정성	리더십	자기 조절	신중성
문항 합산	17 + 18	19 + 20	21 + 22	23 + 24	25 + 26	27 + 28	29 + 30	31 + 32
점수								
강점	겸손	심미안	감사	낙관성	영성	용서	유머	열정
문항 합산	33 + 34	35 + 36	37 + 38	39 + 40	41 + 42	43 + 44	45 + 46	47 + 48
점수								

문항을 찾아 점수를 기입하고, 가장 점수가 높은 상위 5개 강점을 아래의 표에 기록한다. 점수가 같은 항목이 있을 때는 오른쪽 칸에 나란히 적어 넣는다. 동점인 강점이 몇 개이든 다섯 개의 대표 강점을 정하는 게 중요하다.

대표 순위	대표 강점	동점인 강점
1위		
2위		
3위		
4위		
5위		

마구 써야 늘어나는 행복 통장: 일상 재구성법

자신의 대표 강점을 확인했다면, 이제 그 대표 강점을 일상에서 자주 활용하기 위해 애써야 한다. 자신의 대표 강점을 활용하는 방법은 굉장히 다양하다. 심미안 강점을 위해 반드시 유명한 화가의 전시회에 가거나 훌륭한 음악가의 작품을 감상해야만 하는 것은 아니다. 일출 또는 일몰을 감상하는 것, 출퇴근길에 잠시 주의를 기울여 하늘의 구름이나 길가의 가로수 혹은 꽃을 관심 있게 바라보는 것, 함께 일하는 동료의 성격 강점을 배우고자 그를 유심히 보는 것 등이 모두 심미안 대표 강점을 활용하는 일이 될 수 있다.

보통 사람들은 대표 강점과 관련된 것을 배우거나 익힐 때 그 과정 자체를 즐거워하며, 익히는 속도가 매우 빠르다. 또한 대표 강점 사용에 당연함을 느끼고, 강한 내적 동기를 느낀다. 대표 강점을 사용하며 일을 할 때는 소진되기보다 점점 더 고무된다는 것도 확인할 수 있는데, 직장에서 자신의 대표 강점을 일과 접목할수록 업무와 동반되는 스트레스에 잘 대처할 수 있게 된다. 친절이 대표 강점인 사람은 친절을 발휘할 기회가 있는 서비스 업무가, 신중성이 대표 강점인 사람은 꼼꼼한 일처리가 필요한 재무 관련 업무가 개인의 행복이나 조직의 성장을 위해서도 바람직하다.

구체적인 이해를 돕기 위해 초월성, 지혜/지식, 용기, 인간애,

정의, 절제 덕목까지 모두 포함된 대표 강점 활용법을 이 책의 마지막에 제시했다. 자신의 대표 강점 활용에 참고하고 자기만의 방식으로 응용하는 창의성을 발휘하면 더욱 효과적일 것이다. 각자 저마다의 삶의 조건과 생활 여건이 다르기 때문에, 정해진 방식이 따로 정해져 있다는 생각에서 벗어나는 것이 좋다. 자기 자신의 능력과 환경적 여건을 고려하여 최적의 방식을 찾아가야 좋다.

더러 검사 결과 20위 밖의 성격 강점이 무엇인가에 유독 관심을 기울이는 사람들이 있는데, 자신에게 부족한 것이 무엇인지부터 찾는 습관은 과감히 버리자. 스스로 결점을 찾지 않아도 우리가 세상에서 만나는 사람들이 우리가 가진 결점을 찾아내 지적해준다. 타인에게 단점 지적을 받는 것만으로도 피곤한 일인데, 굳이 나서서 결점을 자꾸 들여다보는 것이 우리의 행복에 과연 무슨 도움이 되겠는가?

단, 대표 강점으로 추려진 것들이 진정한 내 모습이 맞는지는 잘 생각해 보아야 한다. 자기 이해가 탁월한 사람일수록 자신의 진짜 모습과 일치하는 결과가 나오지만, 자기 이해가 부족한 사람이라면 검사 결과와 진짜 모습과의 일치도가 낮을 수 있다. 또한 자신의 대표 강점이 맞다면 일상 속에서 저절로 드러나기 때문에 주변 사람들이 더 잘 파악하는 경우도 많다. 주위의 친한 사람들에게 검사 결과를 알린 뒤, 자신의 평소 모습과 얼마나 일치하는지 확인해 보는 것도 도움이 될 수 있다.

4. 우리는 일에서 행복을 찾을 수 있을까?

프로이트는 말했다. 일, 사랑, 놀이가 인간을 행복으로 이끈다고. 이는 오늘날의 심리학자들도 동의하는 바다. 살면서 이 세 가지만 제대로 해도 행복은 어렵지 않게 얻어진다. 사랑이 행복의 필수 요소인 건 모두가 아는 사실이고, 여가 생활과 문화 등의 놀이 역시 행복의 필수 요소로 꼽힌 지 오래되었다. 다만, 일을 통한 행복은 등한시되어 왔다. 대부분 일을 '먹고살기 위해 어쩔 수 없이 하는 것'으로 여기기 때문이다.

사랑과 놀이는 그 자체로 즐겁다. 아이, 어른 할 것 없이 누구나 쉽게 즐거움과 만족을 느끼므로 자연스레 행복과도 연결된다. 반면 일은 그 자체가 아니라, 일을 해서 얻은 돈으로 사랑과 놀이의 기회를 제공받는다고 생각한다. 그러므로 사람들은 일을 '행복을 위한 수단'으로 생각할 뿐, 그 자체로 행복과 직결된다고는 여기지 않는다. 과연 일은 성공과 행복을 위한 간접적인 수단일 뿐일까? 일은 사랑과 놀이처럼 행복과 직접적인 관계일 수는 없을까? 사랑하고 놀면서 행복하듯, 일하면서 행복할 수는 없는 걸까?

K는 공항에서 계약직 안전요원으로 근무하고 있다. 하루 3교대로 주마다 돌아가며 순환 근무를 해야 하는데, 휴일도 없이 다람쥐 쳇바퀴 돌 듯 하는 근무 시간이 버거워 이직하고 싶은 마음이 굴뚝 같다. 하지만 매달 꼬박꼬박 들어오는 월급을 포기하는 일이 쉽지 않다. 다른 대안이 없어 할 수 없이 직장을 다니고 있기는 하지만, 언제든 때가 되면 공항에서의 일을 그만둬야겠다는 생각을 품고 하루하루 버티는 중이다.

반면 그의 직장 동료 L은 어려서부터 공항 근처에서 살아서인지 매일 공항으로 출퇴근하는 사람들에 대한 선망이 있었다. 고등학교 졸업을 앞둔 시점부터 공항에서 제복을 입고 근무하는 게 꿈이었다. 빡빡한 스케줄과 근무 환경은 K와 똑같았지만, L에게 공항의 업무는 신나고 보람찬 일이다. 또한 그는 열심히 일해서 정규직이 되겠다는 목표도 있다.

K와 L은 같은 직장에서 똑같은 업무를 하고 있지만, 하고 있는 일에 대한 태도는 사뭇 다르다. K가 월급을 받기 위해 어쩔 수 없이 일을 하고 있다면, L은 자신이 바라던 종류의 일을 하고 있다는 것에 기쁨을 느낀다. K에게 안전요원이라는 직업은 자신의 시

간과 에너지를 월급으로 교환하기 위한 수단이지만, L에게 안전 요원이라는 직업은 보람과 성취감을 느끼게 하는, 생계를 위한 일 그 이상이다. 당연히 근무 중에 맞닥뜨리게 되는 문제 상황에서의 대처나 근무 태도, 그리고 스트레스 상황에서의 반응에서도 두 사람은 확연히 차이가 있다.

K에게 일은 단지 먹고 살기 위한 수단으로서 그저 일job일 뿐 자기 자신과 아무런 연결고리가 없다. 그러나 L은 일을 통해 자신의 능력과 강점을 발휘하며 성취감을 맛볼 수 있다. 일하는 것이 곧 자기의 계발로 연결되는 커리어career인 것이다. 지금 하고 있는 일이 그 자체로 기쁨이고 만족이며, 삶의 목적이자 자기실현, 그리고 삶의 가치 추구와 연결된다면, 그 일은 소명calling이라 부를 만하다. 일work에 대한 이러한 구분[22]은 심리학적 관점에서 보면, 사람들이 가진 일에 대한 태도의 발달 수준이기도 하다. 먹고살기 위해 하는 일이라면 아직 발달이 덜 된 단계이고, 자신의 능력을 발휘할 수 있는 일을 하며 성취감을 느끼고 있다면 어느 정도 발달을 이루어낸 단계다. 한발 더 나아가 일이 곧 자기실현의 중요한 통로로 여긴다면 높은 수준의 발달 단계에 이르렀다고 볼 수 있다.

지금 이 책을 읽고 있는 당신은 어떠한가? 하고 있는 일에 대한 자신의 태도를 돌아보자. 지금 하고 있는 일이 당신 삶의 목적과 가치, 그리고 자기실현과 연결된다면 이미 당신은 심리적으로 안

넝한 상태라고 볼 수 있다. 앞으로도 지금처럼 일을 통한 의미 추구를 이어갈 수 있다면 어렵지 않게 진정한 행복에 이를 것이다. 만약 L처럼 지금 하고 있는 일을 통해 당신의 능력을 개발하고 강점을 발휘하고 있는 중이라면, 그 또한 반갑다. 그렇게 일과 자신을 연결 짓고 의미를 찾으려 할수록 당신은 점차 성장할 것이고 차츰 자기실현에 다다를 수 있을 테니 말이다.

지금 당신이 K와 같이 단지 생계를 위해 일을 한다고 해도 괜찮다. 아직 자신의 능력이 무엇인지 모르거나 능력을 키울 기회를 충분히 얻지 못했을 뿐일 수도 있다. 누구나 생애 중 어느 한 때 자기 능력에 딱히 부합하지 않더라도 생계를 위해 시작하게 되는 일이 있다. 그 시절에 쉽게 좌절하지 말고 자기 능력을 키우다 보면, 기회가 오고 커리어를 쌓게 되는 단계로 성장하기 마련이다. 견딤이 쓰임을 결정한다는 말이 있듯, 고난과 시련 속에서도 주어진 자리에서 성실하게 버티다 보면 반드시 쓰임 받는 때가 오게 될 것이다.

직업인으로서 일꾼으로서 이 사회에서 한 자리를 담당하고 살아간다는 것은 많은 시련을 감당해야 한다는 의미이다. 바람이 불고 비도 내리며, 때로는 천둥이 치고 우박과 폭설이 내리기도 한다. 그것이 우리가 처한 현실이다. 하지만 우리는 시련 속에서도 꽃을 피워야 하는 생명이다. 자연에 던져진 생명을 가진 모든 존재는 이러한 시련을 견뎌야 비로소 싹을 틔우고 꽃을 피우며

열매를 맺을 수 있다. 세상은 혹독하고 고통스럽다. 그럼에도 우리는 의미를 추구하는 존재임을 잊지 말아야 한다.

직업을 나타내는 영어 단어 'vocation'은 부름 받은 이라는 뜻의 라틴어 'vocare'에서 유래했다. 이렇듯 전통 서구 사회에서 직업이란, '신에 의해 부름 받은 것'이라는 믿음이 있었다. 이를 현대적으로 해석해 보면 직업은 개인의 삶의 의미와 목적에 기여할 뿐만 아니라, 사회의 보다 큰 선에 기여한다는 의미로 확대할 수 있다. 소명을 의미하는 영어 단어 'calling' 역시 가치 있고 의미 있는 일을 하도록 한다는 '의미로서의 일'이라는 뜻을 내포하고 있다.

사람들이 자신이 하는 일을 삶의 원천으로 여긴다면 어떤 일이 일어날까? 학자들의 연구 결과를 보면, 사람들은 자신이 하는 일에서 의미를 발견할수록 심리적으로 만족하며, 경제적으로 보다 풍요로워지고, 실제로 생산적인 노동자가 된다고 한다. 따라서 같은 일을 하더라도 '먹고살기 위해' 일을 하는 사람보다 '의미 있고 가치가 있어서' 일을 하는 사람이 실제로 느끼는 만족이 크고 행복하다는 것이다.

그렇다면, 먹고살기 위한 일이 아닌, 의미로서의 일이 가능한 요인은 대체 무엇일까? 여기서 의미는 '이해comprehension'와 '목적purpose'이라는 두 가지 요소가 있다. 이해란 자신이 어떤 사람이고 세상이 어떻게 돌아가는지, 자신과 관계된 삶에 어떻게 어우러져야 하는지 이해하는 것을 말한다. 이는 다시 개인의 능력, 흥미, 욕구가 조직의 요구에 얼마나 잘 부합하느냐에 따른 직업 만족도와 연결된다. 자기 자신, 그리고 조직과 사회에 대한 이해가 있다면 역경에 처했을 때 더 유연하게 대처하게 될 수 있다. 또한 이해는 의미의 두 번째 요소인 목적을 발달시키는 데 있어 중요한 조건이 된다.

여기서 말하는 목적은 인생 전반에 걸친 '긴 시간 틀 안에서의 개념'이며, 저마다의 특별한 가치가 담긴 인생 목표를 향한 사람들의 강한 의지를 말한다. 사람들은 바로 이 목적에 맞는 목표를 연결하는 활동을 통해 의미를 찾고자 한다. 즉 목적은 사람들에게 그들이 있는 현재와 그들이 바라는 미래 사이를 잇는 다리를 제공하는 셈이다. 그때그때의 활동과 단기간의 목표들이 삶의 궁극적인 목적과 조화롭게 어우러질수록 일에서의 의미 찾기가 쉬워질 수 있다.

우리가 궁극적인 자기 삶의 목적과 일치하도록 일할 때, 우리는 자신에 대한 이해, 조직에 대한 이해, 그리고 우리가 몸담고 있는 조직과 어떻게 조화를 이룰 것인가에 대한 이해, 즉 일에 대한 이해를 더 잘하게 된다. 그러면 자동적으로 사회, 문화, 국가, 자연, 우주 등 더 큰 어떤 것과의 유대와 연결이 가능해지며, 이는 우리를 행복으로 인도하는 커다란 물결이자 바람이 된다. 이를 그림으로 나타내면 다음 페이지의 그림과 같다.

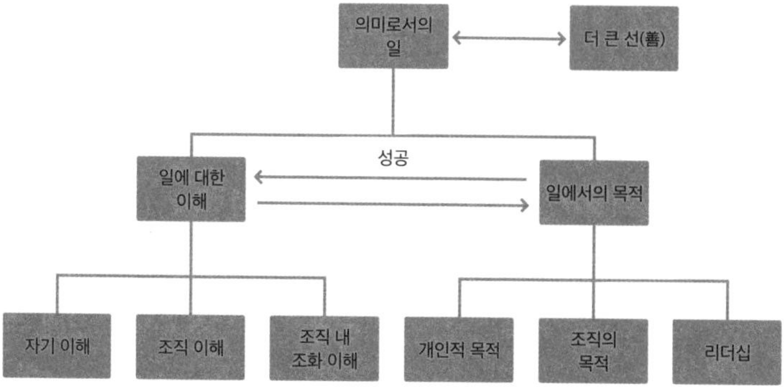

일의 의미와 개인과 조직의 관계

몇 년 전 인기리에 방영되었던 tvN 드라마 〈미생〉에서 오 과장이 수주를 위해 거래업체 책임자에게 자신의 신념에 배치되는 접대를 해야 하는 난관에 봉착한 장면이 그려졌다. 일에서의 성공을 위해 개인적 가치를 저버려야 하는 위기에서 오 과장은 개인적 신념(가치)을 지켜내면서도 업무에서 성공하는 방법을 썼다. 드라마라 현실성이 떨어진다고 생각하는 이들이 있을지 모르겠다. 하지만 여기서 배워야 할 것은 단순한 표면이 아니라, 오 과장의 내면이다.

당면한 과제를 성공적으로 달성하기 위해 필요한 노력을 기울이는 확신(자기효능감), 현재와 미래에 대한 긍정적 기대(낙관성), 자신의 목적에 집중하고 필요하다면 목적을 향해 가는 경로를 재조정하는 끈기(희망), 그리고 문제와 역경에 휘청일지라도 다시 회복하거나 역경 이전보다 더 나아지는 탄력성 등을 가리켜 심리적 자본PsyCap, psychological capital이라 한다. 심리적 자본이 풍요로운 사람은 유혹과 역경에도 불구하고 자신의 삶의 가치를 훼손당하지 않는다. 가족이나 소중한 사람들과의 인간관계나 팀워크도 잘 유지하고 관리하며 직장에서도 능력을 발휘한다. 〈미생〉의 오 과장이 바로 이 전형을 보여 준다. 그는 업무적으로나 개인적으로나 가치 있는 삶의 목적(혹은 신념)이 뚜렷하고, 잠재적 역경에 대한 예상과 대처에 있어 탄력적이며, 자신의 능력에 대한 믿음과 확신을 지녔다. 나아가 개인·사회적 자원을 활용한 위기 관리에서도 탁월한 면을 보여 준다. 자신이 지향하는 삶의 모습(가치)과 일(업무) 간의 균형을 조절해 가는 오 과장의 심리적 자본이야말로 일과 삶 사이의 균형이 필요한 우리에게 꼭 필요한 자산이다.

자, 이제 좀 더 깊이 자신을 들여다보기로 하자. 내 삶의 가치와 방향이 같은 일을 선택하지 못한 것은 아닌지, 내가 선택한 일에서 가치를 발견하고 있지 못한 것은 아닌지 말이다. 행복한 사람은 일도 잘한다. 그리고 일을 하면서도 자신의 삶의 가치에서 벗어나지 않는다. 반면, 불행한 사람은 업무를 효율적으로 수행하기 어렵다. 그리고 그 일은 자신의 삶의 가치와 무관하게 진행될 확률이 높다. 그러니 우리는 행복한 삶을 위해서라도 자신의 삶의 가치와 궤를 같이 하는 직업, 직장, 혹은 직무를 선택하기 위해 노력할 필요가 있다. 현재 내가 하고 있는 일에서 내가 가치 있게 여기는 의미를 발견할 수 있다면, 굳이 직업이나 직장을 바꾸지 않고서도 얼마든지 내 삶의 주인답게 시간을 지배하며, 일과 더불어 내 소중한 이들과 함께 행복할 수 있을 것이다.

자신의 대표 강점을 파악해 대표 강점을 일상에서 자주 활용할수록 우리의 능력을 더 잘 발휘할 수 있으며 더 행복할 수 있다는 말을 기억할 것이다. 자기 자신에 대한 이해와 더불어 자신이 몸담고 있는 조직에 대한 이해를 바탕으로 자신의 대표 강점을 자신의 직무에 접목한다면, 개인적 삶의 목적과 조직의 목적을 두루 만족시킬 수 있는 접점을 일터에서 추구할 수 있다.

이렇듯 개인적 삶에서의 의미를 추구하는 것 못지않게 직장인에게 중요한 것이 일에서의 의미 발견과 추구이다. 직장생활을 하는 사람이 자신이 하는 일에서 어떠한 의미도 발견할 수가 없다면, 이는 곧 소진burn-out으로 이어지게 되고, 스트레스에 취약한 상태에서 정신적 고갈과 신체적 질병까지 초래하게 된다. 자신이 하고 있는 일에서 긍정적인 의미를 얼마나 발견하고 추구하고 있으며, 자신이 속한 공동체와 사회의 유익과 같은 더 큰 선에 기여하고 있는지를 스스로 점검할 수 있는 질문지가 최근 우리나라에서도 마련되었다. 문항들을 잘 읽고 솔직하게 답하면서, 자신이 하는 일에서 의미를 얼마나 찾고 있는지 확인해 보기를 바란다.

● 일의 의미 점검 ●

아래 문항을 읽으면서 자신에게 해당한다고 생각되는 정도에 체크해 보자.

번호	문항	전혀 아니다	대개 아니다	보통 이다	대체로 그렇다	매우 그렇다
1	나는 의미 있는 일(직업)을 찾았다.	①	②	③	④	⑤
2	나는 내가 하는 일이 나의 개인적 성장에 기여한다고 본다.	①	②	③	④	⑤
3	내가 하는 일은 세상에 아무런 변화를 주지 않는다.	⑤	④	③	②	①
4	나는 내가 하는 일이 내 삶의 의미에 어떻게 기여하는지 알고 있다.	①	②	③	④	⑤
5	나는 무엇이 내 직업을 의미 있게 만드는가를 알고 있다.	①	②	③	④	⑤
6	나는 내가 하는 일이 세상에 긍정적인 변화를 일으킨다는 것을 안다.	①	②	③	④	⑤
7	내 일은 나 자신을 더 잘 이해하는 데 도움이 된다.	①	②	③	④	⑤
8	나는 만족할 만한 목적을 가진 일을 발견했다.	①	②	③	④	⑤
9	내가 하는 일은 내 주변 세상을 이해하는 데 도움이 된다.	①	②	③	④	⑤
10	내가 하는 일은 보다 큰 뜻에 기여한다.	①	②	③	④	⑤

결과

해당 문항의 합산 점수를 아래의 요인별 표에 채워 넣자. 그리고 요인별 점수 세 개의 합산으로 일의 의미 총점을 구하여 해당 칸에 써 보자.

하위 요인	제1요인 일에서의 긍정적 의미	제2요인 일을 통한 의미 만들기	제3요인 더 큰 선을 위한 동기
문항 점수 계산	1번 + 4번 + 5번 + 8번	2번 + 7번 + 9번	3번 + 6번 + 10번
요인별 점수	______점	______점	______점
총점	______점		

우리나라 20~50대 사무직 종사자 남녀 650여 명을 대상으로 한 연구 결과[23], 우리나라 직장인들의 일의 의미 총점은 27점에서 45점 사이에 고루 분포되어 있었으며 평균적으로 36.1점이었다. 총점 기준으로 27점보다 낮은 점수를 획득하였다면, 일에서 의미를 찾기 힘든 상황으로 풀이되는데, 문제를 예방하기 위해서뿐 아니라 자신의 웰빙을 위해서도 면밀한 점검이 필요하다. 아래 연구 결과를 제시하니, 자신의 점수와 비교해 보자.

하위 요인		제1요인 일에서의 긍정적 의미	제2요인 일을 통한 의미 만들기	제3요인 더 큰 선을 위한 동기
직장인	평균	14.4점	11.1점	10.6점
	총점	36.1점		

5. 일과 삶 사이의 시소 게임

굴지의 기업을 다니다 명예퇴직을 한 50대 중반 H는 퇴직 후 집안에서 외톨이가 되다 못해 찬밥 신세가 되었다. 결혼 후 지금까지 30년 가까운 시간을 열심히 일해 온 자신을 무시하는 아내와 두 아들의 태도를 도저히 납득할 수도, 이해할 수도 없었다. 그는 가족들과 있으면 화가 나 참을 수 없었고 급기야 화병이 생기고 말았다. 혼자 우두커니 있으면 가슴이 답답하고 우울한 마음에 견딜 수가 없어 상담실에 찾아왔다.

"선생님, 어떻게 이럴 수가 있지요? 이게 말이 됩니까?"

그는 가족들의 태도를 이해할 수 없어 분개했고, 현재 자신이 맞닥뜨린 상황을 견딜 수 없다고 호소했다. 평생을 바쳐 소처럼 열심히 일한 그는 왜 가족들에게 찬밥 신세가 된 걸까?

상담을 진행하면서 그의 지난날에 대해 좀 더 들을 수 있었다.

아내가 첫 아이를 낳았을 때 그는 막 대리로 승진해 한창 회사 일에 매달려야 하는 시기였다. 당연히 아이 양육에 관한 일이나 집안일은 모조리 아내의 몫이었다. 3년 후, 둘째 아들이 태어났을 때도 상황은 비슷했다. 그러다 어느 모로 보나 자신보다 나을 게 하나 없던 대학 동기가 MBA를 마친 뒤 자신보다 더 조건이 좋은 회사로 이직한 사실을 알게 되었다. 그는 아내에게 말했다. 대학원에 가야겠다고, 당신이 조금 힘들겠지만 지금은 미래를 위해 투자해야 할 시기라고 말이다. 둘째 출산으로 육아와 가사로 힘들어하던 아내는 잠시 망설였지만 그의 끈질긴 설득에 못 이겨 수긍하고 말았다. 두 아들은 아직 어렸던 터라 크게 신경 쓰지 않았다. 그렇게 그는 원하던 대로 MBA 과정을 마칠 수 있었고, 일에 있어서만큼은 열정을 다한 덕에 회사에서도 인정받으며 순탄하게 직장생활을 할 수 있었다.

그 사이 아이들은 차례차례 초등학교, 중학교, 고등학교를 입학하고 졸업했으며, 또 대학교에 입학하고, 군대를 가고 제대를 했다. 하지만 그렇게 시간이 흐르는 동안 큰아들의 축구대회 기념 사진에도, 작은아들의 음악 발표회 기념 사진에도 그는 없었다. 어느 순간 아내와 두 아들은 아버지가 없는 삶에 익숙해져 버린 것이다. 그는 가족들이 자신을 당연히 이해해 줄 거라 믿었고, 그러한 삶이 불러올 파장에 대해서는 단 한 번도 생각해 보지 않았다.

아이들은 나이가 어릴수록 부모의 손길을 필요로 한다. 부모가 봐 주기를, 부모가 손잡아 주기를, 부모가 자신들의 소중한 순간에 함께해 주기를 바란다. 하지만 자라면서는 부모로부터 멀어지고 싶어 한다. 사춘기를 지나면서 부모로부터의 심리적 독립을 하려는 성장통을 얼마나 심하게 앓느냐에 따라, 그리고 이 과정을 부모가 얼마나 지혜롭게 잘 대처하느냐에 따라 부모와 자녀의 관계는 달라진다.

아이가 부모를 필요로 하던 시기에 함께한 시간이 많은 부모라면 크게 걱정할 필요가 없다. 유치원이나 초등학교 시기만큼 살갑고 다정하게는 아니더라도, 사춘기를 지나 성인기에 진입할 때까지도 자녀와 소통이 가능하기 때문이다. 그러나 아이가 부모를 필요로 하던 시기에 자녀와 함께 보낸 시간이 턱없이 부족한 부모라면 이야기는 달라진다. 어릴 적 함께 나눈 추억의 통장이 빈곤할수록, 청소년기 자녀의 고민을 따뜻한 격려의 눈길로 보듬어준 시간의 적립이 부족할수록, 다 자란 자녀와의 소통은 막히기 십상이다.

아버지들은 말한다. "가족을 위해 열심히 일한 대가가 고작 이것이냐"고. 어머니들도 마찬가지다. "내가 너를 어떻게 키웠는데"라며 분개한다. 심리학자 크리스토퍼 피터슨은 그의 저서《긍정심리학 프라이머The Primer in Positive Psychology》에서 사랑하는 이들을 위한 최고의 선물은 돈도, 명예도 아닌 바로 시간이라고 이야기한다. 일하느라 가족을 등한시해 온 H의 '가족과 함께 한 시간'이라는 통장에는 안타깝게도 잔액이 없었다.

그가 20여 년의 시간이 흐른 후 회사 일을 내려놓고 마침내 가족에게 관심을 기울였을 때, 아내와는 공통의 관심사가 없었고, 두 아들과는 무슨 이야기를 어떻게 해야 할지 몰라 당황스러웠다. 그 어색하고 힘든 시간을 어떻게든 극복하고자 그가 선택한 방법은 습관처럼 회사에서 부하 직원들에게 하던 잔소리와 훈계였다. 당연히 상황은 점점 더 악화되어 갔다.

아내와 두 아들도 남편과 아버지가 어색하기는 마찬가지였다. 가족이라는 이름으로 동일한 주소지에 거주하며 매일 같은 현관문을 드나드는 사이지만, H의 아내와 두 아들은 H를 알지 못했고, H는 아내와 두 아들에 대해 잘 알지 못했다. H 스스로가 가족 안에서 자신의 역할을 그저 '돈 버는 사람'으로 만들었던 것이다. 두 아들은 갑자기 다 자란 자신들의 행동에 관심을 갖고 이래라 저래라 훈계하고 지적하는 아버지를 받아들일 수가 없었고, 함께한 시간이 부족했던 만큼 아내도 남편과 함께 있는 시간을 힘들어하기는 마찬가지였다.

혹시 지금 H처럼 앞만 보며 일만 열심히 하고 있지는 않은지, 가족들 혹은 소중한 사람들과 보내는 시간을 소홀히 하고 있지는 않은지 돌아볼 일이다. 만약 젊은 날의 H와 별다를 바 없이 지내고 있다면, 머지않은 어느 날 당신도 H와 같은 처지가 될지 모른다. 당신이 마침내 직장에서 물러나 가족의 울타리 안으로 돌아가고자 할 때, 가족이 당신을 대하는 모습은 그동안 가족과 함께 나눈 경험과 시간의 양과 질에 따라 다를 것이기 때문이다.

일과 가족(혹은 친구나 연인)은 양립할 수 없는 게 아니다. 일하느라 가족(혹은 소중한 사람들)을 등한시하게 된다면, 지나치게 일하고 있다고 판단해도 된다. 업무 외에 가족과 함께 할 수 있는 시간을 소홀히 하지 않으려면 조절을 위한 균형 감각이 필요하다. 일을 할 때는 최선을 다하지만, 일하지 않는 시간에는 가족과 함께하는 시간, 나를 사랑할 시간, 혹은 업무와 무관한 소중한 누군가와 함께 나눌 시간이 필요한 것이다.

피곤해서 가족과 함께할 시간이 없고 일에 지쳐 친구조차 만날 시간이 없다면, 일을 효율적으로 하고 있지 않는다는 신호다. 불필요한 부분까지 업무의 일환으로 여기며 하고 있지는 않은지, 혹은 가족으로부터 벗어나기 위해 일을 핑계로 둘러대고 있는 건 아닌지 스스로 돌아봐야 한다.

가족과 친구, 연인. 이들 모두 우리에게 소중한 존재다. 우리는 우리에게 소중한 이들과의 관계를 일과 양립할 수 있어야 한다. 프로이트가 말했듯이 일, 사랑, 놀이가 우리 행복의 열쇠이며, 많은 학자들이 인정하듯이 우리는 우리 자신의 유능성, 자율성, 관계성을 통해 보다 즐거운 삶, 몰두하는 삶, 의미 있는 삶에 이를 수가 있기 때문이다.

지금 하고 있는 일에 대해 "그래 봤자 일은 일일 뿐"이라고 말하는 이도 있겠고, "그래도 이 일이 내 일"이라고 말하는 이도 있을 것이다. 내가 하는 일은 곧 지금의 나를 대변한다. 내가 하고 있는 일을 어쩔 수 없이 하는 일이라 여긴다면, 혹은 내가 받고 있는 보수만큼만 적당히 하면 된다고 여긴다면, 당신은 자기 삶의 주인공이 아니다. 이런 사람들은 심리학자 윌리엄 제임스가 말했듯 온기와 주변을 가지고 삶을 뜨겁게 살아가는 사람들에게 지배를 당하거나, 시간의 노예가 될 위험이 높다.

다시 H의 이야기로 돌아가 보자. 아이들이 처음 보조 바퀴를 떼고 두발자전거 타기에 성공하던 순간, 수영 대회에서 입상하던 순간, 태권도 승급 심사를 통과해 단증을 따던 순간…… 셀 수 없이 많은 '의미 있는 순간'에 함께하지 않았던 대가를 환갑을 바라보는 나이에 혹독히 치루고 있는 H는 4개월 여에 걸친 개인 상담 이후 가족의 울타리 안으로 조금씩 받아들여질 수 있었다. 여전히 어색하고 불편하지만, 적어도 자신이 가족의 울타리 밖으로 밀쳐진 배경에 대해 이해하고 있으며, 아내와 두 아들에게 진심으로 미안해하고 있다.

어느 날 저녁 모처럼 아내와 가진 둘만의 저녁 식사 자리에서 오랜 세월 함께하지 못했던 중요한 순간들에 대해 아내에게 진심으로 사과하고 용서를 구했다. 오랜 시간 견디고 버티어 준 아내에게 마음을 다해 감사를 표현한 덕분인지 그의 아내는 알아 주는 것만으로도 위로를 받았다고 했다. 유학을 떠나 있는 큰아들과는 가끔 서로 안부 정도를 묻는 사이에 불과하고, 군에 있는 둘째 아들과도 여전히 어색한 부분이 많지만, 아내와 사이가 좋아진 만큼 아들들에게도 아버지로서의 자리를 되찾게 될 것이라 기대하고 있었다. 무엇보다 그는 가족에 대한 이해를 바탕으로 그들을 향한 분노와 울화를 가라앉힐 수 있었다. 자신과 가족의 관계를 긍정적으로 전망할 수 있는 이유였다.

2018년 2월 주 52시간 노동 시대가 왔다. '일과 삶의 균형'에 대한 관심이 이전보다 높아졌다. 일과 삶의 균형이란, 일과 일 외의 영역, 즉 가족, 여가, 건강, 개인적 성장이나 자기계발 등의 영역에 시간과 에너지를 적절히 나눠 삶에 대한 통제감을 가지고 삶에 만족을 느끼는 상태를 말한다. 이제 일과 삶의 균형은 나이, 성별, 교육 수준, 가족 구조, 직업과 관련 없이 모든 직장인들에게 중요한 관심사다. 과거 회사와 일을 중시하던 인식이 개인적 삶의 질을 중시하는 것으로 변화한 것이다.

혹시 10년 후, 20년 후 H처럼 될 것 같은 삶을 지금 살고 있지는 않은지 잠든 아내(혹은 남편)나 아이들의 얼굴을 한번 살펴보자. 아직 미혼이라면, 곁에 있는 연인, 친구, 그리고 부모님과 얼마나 많은 시간을 함께 보내고 있는지 되돌아보자. 업무로 치열하게 사느라, 개인적 삶을 영위할 시간이 너무 없다면, 조정이 필요하다. 일과 삶이 나란히 양립 가능할수록, 또 지금 하고 있는 일이 자신이 지향하는 삶의 가치와 일치할수록, 당신에게 소중한 이들과 당신이 속한 조직이 당신과 함께 건강하고 행복할 것이라는 점을 명심하자. 또한 자기 자신을 돌보고 키우기 위한 시간까지 고려해야 진정한 행복을 향한 균형과 조화가 가능해진다는 것을 기억하자.

일과 삶 사이의 균형을 스스로 점검해 볼 수 있도록 다음 페이지에 질문지와 채점표를 제시했다. 채점 결과 일과 삶 사이의 균형이 평균 이하로 낮게 나온다면, 이 불균형을 조정해 조금이라도 균형에 이를 수 있도록 노력해야 한다.

● 일과 삶의 균형 점검 ●

다음 문항을 읽고 자신에게 해당한다고 생각되는 정도에 체크해 주세요.

번호	문항	전혀 그렇지 않다	그렇지 않다	보통이다	약간 그렇다	매우 그렇다
1	나는 가족에게 신경을 많이 쓰지는 못하는 편이다.	⑤	④	③	②	①
2	회사 일을 집에 가지고 가는 경우가 많다.	⑤	④	③	②	①
3	퇴근 후에도 회사 일 걱정을 한다.	⑤	④	③	②	①
4	일에서 받은 스트레스를 가족에게 푼 적이 종종 있다.	⑤	④	③	②	①
5	일 때문에 가족의 중요한 기념일(생일, 결혼기념일 등)을 잊고 지나치는 경우가 많다.	⑤	④	③	②	①
6	나는 나의 가정생활이 지금보다 더 행복하면 좋겠다.	⑤	④	③	②	①
7	나는 나의 가정생활이 불만족스럽다.	⑤	④	③	②	①
8	나는 일과 가정생활을 서로 조화시키는 것이 어렵다.	⑤	④	③	②	①
9	나는 여가나 운동에 할애하는 시간이 적다.	⑤	④	③	②	①
10	나는 여가 활동이나 건강 관리에 신경을 쓰지 못한다.	⑤	④	③	②	①
11	영화나 공연을 본 지가 꽤 오래되었다.	⑤	④	③	②	①
12	주말엔 피곤해서 여가활동을 할 마음이 생기지 않는다.	⑤	④	③	②	①
13	일 때문에 건강이 좋지 않은 적이 있다.	⑤	④	③	②	①
14	나는 나의 여가 생활이 불만족스럽다.	⑤	④	③	②	①
15	나는 일과 여가 생활을 서로 조화시키는 것이 어렵다.	⑤	④	③	②	①
16	주말이 재미없고 무료하다.	⑤	④	③	②	①
17	나는 나의 목표와 비전을 생각하고, 삶을 반성할 수 있는 시간을 거의 갖지 못한다.	⑤	④	③	②	①
18	나는 다른 사람에 비해 경력 관리에 무관심한 편이다.	⑤	④	③	②	①
19	나는 자기계발에 거의 신경을 쓰지 못한다.	⑤	④	③	②	①
20	일 때문에 자기계발 계획을 실천하기 어렵다.	⑤	④	③	②	①
21	일에 치이다 보니 나의 목표가 무엇인지를 잊게 된다.	⑤	④	③	②	①
22	일 때문에 피곤해서 자기계발을 할 마음이 들지 않는다.	⑤	④	③	②	①
23	나는 자기계발을 제대로 하지 못하고 있다.	⑤	④	③	②	①
24	나는 일과 자기계발을 서로 조화시키기 어렵다.	⑤	④	③	②	①
25	일을 통해 내가 성장하고 있다는 느낌을 받기가 힘들다.	⑤	④	③	②	①
26	나는 요즘 일에 치어 사는 것 같다.	⑤	④	③	②	①
27	하루하루가 업무 스케줄로 가득 차 있어 바쁘다.	⑤	④	③	②	①
28	나는 일에 너무 많은 시간을 투자한다.	⑤	④	③	②	①
29	퇴근 후에는 지쳐서 아무것도 하고 싶은 마음이 없다.	⑤	④	③	②	①

● 결과 ●

한국인의 일과 삶의 균형을 측정하기 위해 개발한 질문지로, 원래 점수가 높을수록 일과 삶의 균형이 깨져 있는 것으로 풀이되도록 제작되었다. 그러나 모든 문항을 역채점하는 것은 까다로운 일이므로, 점수가 높을수록 일과 삶의 균형이 잘 이루어진 것으로, 반대로 점수가 낮을수록 일과 삶의 균형이 무너진 것으로 풀이되도록 숫자를 모두 거꾸로 배열했다.

앞의 질문지에서 표시한 값을 아래의 표에 채워 넣어 보자.

요인별 점수	제1요인	제2요인	제3요인	제4요인	총점
	일 - 가족 균형	일 - 여가 균형	일 - 성장 균형	전반적 평가	
	1번~8번 합산	9번~16번 합산	17번~25번 합산	26번~29번 합산	전체 합산
㉮ 문항 점수 계산	____점	____점	____점	____점	____점
㉯ 전체 및 요인별 점수(표준편차)	ⓑ 25.8 (4.3)	ⓒ 24.7 (6.6)	ⓓ 27.7 (6.3)	ⓔ 11.08 (3.8)	ⓐ 89.3 (18.3)
㉰ 점수기록					

표의 ㉯는 우리나라 20~50대 사무직 종사자 남녀 650여 명을 대상으로 한 연구의 결과를 요약한 것이다. 이에 의하면, 우리나라 직장인들의 일과 삶의 균형은 총점 89.3점이었고, 대략 71점~107.6점 사이의 점수를 획득하였다. 만약 당신이 71점보다 낮은 점수라면, 일과 삶의 균형이 평균 이하로 낮아져 있는 상태다. 하위 요인 별 점수를 살펴 어느 요인이 특별히 더 불균형한지 파악해 대처할 필요가 있다.

이에 대한 해법은 이미 앞서 제시했던 챕터 3의 나확행을 활용하여 누리는 행복을 추구하는 것과 챕터 4의 일상 재구성법을 활용하여 노력하고 연습하여 얻는 행복을 추구하는 것이 하나의 방법이 될 수 있다. 자신의 대표 강점을 개인 일상뿐 아니라 직장에서도 자주 활용함으로써 만족과 충만을 맛보는 긍정적 경험을 해나가는 것은 일과 삶의 균형을 이루는 데 매우 효과적이다.

일과 삶의 균형에 있어 무엇보다 중요한 것은 관계다. 인간의 행복 근원은 타인과의 어우러짐, 즉 관계에 있기 때문이다. 일과 삶의 균형을 늘려가기 위해 우리는, 주변의 주요 인물과의 관계 증진을 위한 노력을 기울여야 한다. 이에 대한 이야기는 다음 챕터에서 구체적으로 다루기로 하자.

Chapter 5

혼자는 외롭고
함께는 어려운 행복

서정윤 시인의 〈홀로서기〉 중 '둘이 만나 서는 게 아니라, 홀로 선 둘이 만나는 것이다'라는 구절이 있다. 사랑에 대한 훌륭한 통찰이 엿보이는 구절이다. 그런데 홀로 선다는 게 그리 쉽지 않다. 나를 모르니, 나에게 맞는 사람을 만나기도 어렵다. 자기의 고유한 정체성을 찾지 못한 우리는 불안하고 위태로울 수밖에 없고, 불안하기 때문에 위태로운 자신을 지탱해 줄 누군가를 찾는다. 자신을 알지 못하는 만큼 알지 못하는 타인을 허겁지겁 만난다. 그리고 이 서걱이는 관계 속에서 더 심한 외로움을 경험하는 악순환이 거듭된다. 그렇다면 어떻게 해야 할까? 이번 챕터에서는 현대인들의 사랑 그리고 고독에 대해 살펴보고 이에 대해 심리학은 어떤 방법을 제시하는지 알아보자.

1. 자신과 잘 지내기

상담에서는 자기 자신을 알아차리는 '자기 인식', 그런 자기를 있는 그대로 받아들이는 '자기 수용', 그리고 자기 자신을 제대로 아는 '자기 이해'를 매우 중요하게 여긴다. 자기 존재에 대한 긍정 없이 자신을 사랑할 수 있는 사람은 없다. 마찬가지로 자기 이해와 수용 없이 타인을 이해하고 사랑할 수 있는 사람도 없다. 그러나 상담실에서 내담자들을 만나다 보면 자기 자신을 사랑하지 않는, 말하자면 자신과의 관계가 좋지 않아 스스로를 고립시킨 채 고통받는 사람들이 많다. 이 세상을 살아가는 데 있어 그 어떤 타인보다 자기 자신과의 관계가 중요한데도 왜 우리는 자기 자신을 사랑하지 않을까?

상담실에 찾아 오는 사람들에게만 특별히 해당되는 이야기가 아니다. 불행히도 대다수의 현대인들이 자기와 관계 맺는 법을 배우지 못한 채 어른이 되고, 사회의 부속품처럼 그날그날의 일상에 쫓겨 살아가기 바쁘다. 지금의 자기가 참된 자기인지 거짓 자기인지도 모른 채 말이다. 그러다 어느 날 문득 깨닫게 된다. '나는 무엇을 위해 살아왔나, 지금 이대로 과연 괜찮을까?' '뭔가 잘못된 거 같은데 뭘 어떻게 해야 하나?' 때로는 그러한 알아차림조차 없이 망가져 가기도 하지만 말이다.

전문가들은 대체로 타인과의 관계, 즉 부모와 자식, 부부, 직장 상사와 부하 직원 사이에서 문제가 발생하면 그 갈등의 원인을 대화의 부재로 꼽는다. 자기 자신과의 관계에서도 마음의 원리는 동일하게 작동한다. 많은 현대인들은 자기 내면에 시선을 두지 않음으로써 자기에 대해 무관심해졌고, 자연스럽게 자기 내면과 접촉하는 법을 잊어버리게 되었다. 이렇게 점차 자기로부터 멀어진 현대인들은 부지불식간에 스스로를 소외시켰고, 심지어 자기 자신을 혐오하거나 거부하는 지경에 이르렀다. 자기 비하가 습관으로 굳어져 알아차리지 못하는 사이에 스스로에게 부정적인 태도를 취하게 되고, 그 태도가 마치 사실인 것처럼 우리의 의식을 지배하게 되는 것이다.

이런 사람들은 다음과 같은 말을 스스럼없이 자기 자신에게 쏟아낸다. “내가 하는 일이 잘될 리 있겠어?” “내가 하는 일이 늘 그렇지 뭐, 해 봤자 소용 없어. 안 될 거 같아” “아무도 날 좋아하지 않을 거야” “이렇게 엉망인데, 누가 날 써 주겠어?” 만약 이렇게 부정적인 말을 다른 사람에게서 듣는다면, 아마 우리는 그 사람과 멀어지고, 급기야는 미워하게 될 것이다. 그렇다면 스스로에게 이런 부정적인 말(생각)을 하는 사람은 어떻게 될까? 두말할 것도 없이 점점 자기 자신에 대해 부정적인 인식이 쌓이고 급기야 자기혐오에 빠지게 될 것이다.

왜 이렇게 스스로에게 독한 말을 하게 된 것일까? 아마 저마다의 사연이 존재할 것이다. 그러나 지금은 왜 이렇게 되었는지 고민하는 걸 잠시 미뤄두자. 원인을 찾겠다며 지나온 과거를 되짚느라 귀한 오늘이라는 시간을 방치한다면, 아무런 도움이 되지 않을 테니 말이다. 지금은 ‘왜?’보다 ‘그래서 이제 어떻게 할 것인가?’에 초점을 맞추어야 할 때다.

자, 그렇다면 이 독한 관계에서 헤어날 수 있는 방법은 뭘까? 자신에게 하는 독한 말을 멈추고, 부정적인 생각을 털어 내며, 방치했던 자기 자신에게로 다시 관심을 기울이는 방법, 자기와의 관계를 회복하고 자신과 건강한 관계를 맺을 수 있는 방법은 과연 존재할까?

호감이 가는 누군가와 관계를 시작할 때를 생각해 보자. 두근거리고 설레는 마음으로 서로를 더 알고 싶어 하고, 아무리 바빠도 그와 함께 시간을 보내고 싶어 하며, 어쩔 수 없이 만나지 못하는 때에는 수시로 전화 통화를 하고 메시지를 남기며 쉬지 않고 소통하려고 애쓴다. 그를 만나러 가는 시간이 행복하고 설레며, 함께 시간을 보내는 동안에는 이 세상에 오직 그와 나, 단둘이 존재하는 것처럼 서로에게 집중한다.

자신과의 관계 역시 마찬가지다. 마치 누군가와 처음 시작하는 관계처럼 자기 자신을 더 알고 싶어 하고, 내면의 자기와 자주 대화하고, 바쁜 중에도 잠깐이나마 짬을 내어 지금 이 순간 내 마음이 어떤지 살펴야 한다. 또한 무엇을 경험했고, 그 경험에 대해 어떻게 느끼는지, 그렇게 느끼게 된 배경에는 과연 나의 어떤 바람과 기대가 있는지 마음을 들여다보아야 한다. 시시때때로 자기 자신을 마주하며 자신과 시간을 보내고, 정성을 기울여 자기 자신과 접촉하고자 노력해야만 한다.

내적 자기와의 대화는 자신과 관계를 맺는 고전적인 방법이자 효과가 확실한, 매우 적극적인 방법이다. 자기 자신과 만나는 방법에는 크게 두 가지가 있는데, 하나는 의식 수준에서 자기를 만나는 방법이고, 다른 하나는 무의식과 의식의 경계, 즉 전의식 수준에서 자기를 만나는 방법이다. 대부분의 사람들에게는 의식 수준에서 자기와 대화를 나누는 것이 좀 더 쉬울 수 있겠다. 하지만 두 가지 모두 크게 도움을 얻을 수 있는 방법이므로, 지금 소개하는 대표적인 방법을 각자 상황에 맞게 시도해 보자.

꿈 노트 작성하기

무의식 속의 나를 만나고 싶다면, 꿈 노트를 추천한다. 프로이트의 말처럼 꿈은 무의식으로 가는 가장 빠른 지름길이다. 깨어 있는 의식의 자아가 통제하고 편집한 내가 아닌, 무의식 속에 감추어진 진짜 자기를 알고 싶다면 꿈을 기록할 것을 권한다.

방법은 단순하다. 노트 한 권과 펜 한 자루를 베개 밑 또는 침대 옆 탁자 위에 올려 두고 잔다. 잠에서 깨자마자 바로 노트를 찾아 펼치고 간밤의 꿈을 생각나는 대로 써 내려간다. 막 잠에서 깨어난 상태에서 기록하는 것이 중요하다. 잠에 빠져 있는 완전한 무의식 상태도 아니고, 완전히 잠에서 깬 의식 상태도 아닌 그 경계에서 꿈의 내용을 기록해야 하기 때문이다. 다소 앞뒤가 안 맞고 말이 안 되는 것 같아도 묻지도 따지지도 말고 떠오르는 대로 써 내려가자. 글씨가 엉망이어도 상관없다. 특정한 생각에 사로잡히지 않고 꿈에서 겪은 일을 거침없이 기록해야 한다. 몇 주 혹은 몇 달에 걸쳐 꿈 노트를 쓰다 보면, 반복되는 테마를 발견하게 될 것이다. 그 반복되는 테마를 알아차리고 자기 자신에게 갖는 의미를 성찰해 보면 그동안 만난 적 없던, 깊은 내면의 자기 일부를 만나게 될 것이다.

내가 만났던 30대 남성 내담자는 꿈 노트 작성으로 자기가 탄

자동차가 별안간 후진한다거나 언덕길을 오르다가 결국 고개를 넘지 못하고 뒤로 구르는 꿈을 반복해서 꾼다는 사실을 알게 되었다. 10여 년 전 대학 입시에서 원했던 학교에 불합격했던 일이 본인도 모를 만큼 잘 감추어진 채 오랜 상처로 남은 것이다. 그리고 그로 인해 자신이 정말로 원하는 일은 이뤄지지 않을지도 모른다는 불안감이 내면에 자리하고 있다는 사실을 알아차릴 수 있었다. 그는 꿈 노트를 쓰면서 자신의 불안을 인식하게 되었고, 그 불안을 무의식적으로 피하기만 하던 오랜 습관을 내려놓기로 했다. 명상을 통해 불안해하기만 했던 약한 자기 자신을 돌보는 일을 시작했다.

또 다른 사례도 있다. 40대 워킹맘이었던 어느 내담자는 자꾸 아들과 관련된 꿈을 반복해서 꾸었다. 아이를 잃어버리거나 잡고 있던 손을 놓쳐 아이가 높은 데서 떨어지거나, 바닷물에 빠지거나 하는 꿈이었다. 그녀는 꿈 노트를 작성하면서 그 모든 꿈들이 일하느라 어린 아들을 제대로 돌보지 못했던 죄책감과 관련 있다는 사실을 깨달았다. 그녀의 아들은 중학교 3학년이 되었는데도 유아기와 아동기 때 잘 돌봐주지 못했던 것에 대한 그녀의 깊은 죄의식이 꿈으로 재생되고 있었던 것이다. 그녀는 꿈 노트 작업을 통해 친구들로부터 따돌림 받고 외톨이처럼 풀 죽어 지내던 아들의 모습을 자신의 탓이라 자책하며 꽤 오랜 시간 고통받고 있었다는 사실을 알아차렸다.

물론 내면의 고통이나 불안을 알아차린다고 해서 앞으로의 일이 성공적으로 이뤄진다거나 모든 불안이 사라지는 것은 아니다. 그러나 쉽사리 인식할 수 없었던 자기 내면의 깊은 불안이 무엇 때문인지, 그리고 그와 관련된 과거의 경험이 무엇인지를 파악할 수 있게 된다. 여기에 원인을 되짚어 봄으로써 현재의 불안이나 두려움, 죄의식을 덜어 낼 수 있는 실마리를 찾을 수 있게 된다.

위에서 소개한 내담자들 역시 이러한 과정을 통해 과거의 경험으로부터 자유로워질 수 있었고, 더 이상 같은 꿈을 반복해서 꾸지 않게 되었다. 자기 자신을 있는 그대로 수용하지 않고 자기 자신을 사랑하는 방법은 없다. 깊이 감추어진 나의 내면과 솔직하게 마주하고 싶다면, 꿈 노트 작성을 시도해 보자.

명상하기

명상하기는 의식 수준에서 자기 자신을 만날 수 있는 방법이다. 머릿속 복잡한 생각을 내려놓고, 머리를 가득 채운 언어들을 비우자. 고요하게 마음을 가라앉힌 채 흐르는 강물을 보듯, 하늘에 떠가는 구름을 보듯, 그렇게 머릿속을 텅 비워 보자. 하루 중 어느 때라도 상관없다. 5분도 괜찮고 10분도 괜찮다. 잠깐이라도 방해받지 않고 스스로에게 의식을 집중할 수 있는 시간이라면 회사에서도 상관없다.

명상을 하는 동안 방해받지 않기 위해 휴대전화는 비행기 탑승 모드로 변경하자. 그리고 5분 후 알람이 울리도록 타이머를 맞추자. 바닥이라면 책상다리를 하고 앉아 반으로 접은 방석을

엉덩이 아래에 받히자. 의자에 앉는다면 등받이와 좌판에 등과 엉덩이가 닿을 수 있도록 깊게 앉고, 두 다리는 어깨 폭만큼 벌리고 발바닥 전체가 바닥에 닿도록 한다. 가급적 가장 편안한 자세를 만들고 척추는 최대한 곧게 유지한다. 두 눈은 감아도 좋고 반쯤 감은 채 코끝을 응시해도 좋다. 두 손은 양 무릎 위에 손바닥이 위를 향하도록 편안히 얹고 어깨부터 손끝까지 팔의 힘을 모두 뺀다.

명상을 처음 하는 사람이라면 명상을 위한 준비 자세를 취하는 데만도 몇 분이 걸릴 수 있다. 척추를 곧게 펴면서 다른 곳에 힘을 빼는 일이 생각처럼 쉽지 않기 때문이다. 모든 일이 그렇지만, 처음 시도에서 완벽해지긴 어렵다. 반복하다 보면 요령이 생기고, 요령이 생기면 몸에 익숙해지기 마련이다.

자, 그럼에도 여기까지 해냈다면, 당신은 몸에서 자유로이 자신의 내적 공간이 열리도록 하는 준비가 된 셈이다. 하지만 막상 준비가 되었다 하더라도 자신의 내면과 마주보는 일이 생각처럼 쉽지는 않을 것이다. 초보 명상 입문자들은 몸의 긴장이 풀리고 나면 쉬이 졸음에 빠지거나, 뭘 해야 할지 몰라 내적으로 우왕좌왕하게 되고 결국 멍 때리기로 이어지기도 한다. 그래서 나는 초보자들에게 주로 호흡 명상을 권한다. 숨을 들이쉴 때 배를 풍선처럼 빵빵하게 부풀리고, 숨을 내쉴 때는 천천히 그 숨이 다 나갈 때까지 배를 홀쭉하게 만든다. 이렇게 천천히 숫자를 세면서 하다 보면 복식호흡으로 들숨과 날숨을 무난히 반복할 수가 있다.

1~2분 정도 복식호흡에만 집중해도 스트레스와 긴장을 줄일 수 가 있다. 복식호흡이 익숙해지면, 다음으로는 주의를 몸의 곳곳으로 보내는 연습을 한다.

일명 보디스캔이라고 하는 방법인데, 머리끝 정수리에 주의를 보냈다가, 충분히 알아차리면 다음엔 이마로 보낸다. 자신의 이마를 충분히 느끼고 나면, 이번에는 눈썹 또는 미간으로 보낸다. 눈썹과 미간을 지나 코끝, 양 뺨을 지나 입술, 턱으로 차례차례 주의를 보내고 목을 지나 몸의 중심으로 몸 전체를 훑어 내려온다. 때로는 주의를 보낸 부분에서 살짝 열감이 느껴지기도 한다. 이렇게 자기 몸의 곳곳에 주의를 보내 감각을 일깨우는 것은 과거에 대한 후회와 분노 또는 미래에 대한 불안이나 두려움으로부터 우리를 떼어 놓는 아주 쉬운 방법이다. 감각에 주의를 기울이는 명상법은 우리의 의식을 과거나 미래가 아닌, 바로 우리 몸이 존재하는 현재의 이 시공간, 즉 지금-여기에 꽉 붙들어 주기 때문이다.

감각에 주의를 기울이는 보디스캔 외에도 먹기 명상, 걷기 명상 등이 있다. 음식을 먹거나 길을 걸을 때에도 우리 몸의 곳곳에 주의를 기울인다면 같은 효과를 얻을 수 있게 된다. 다만 보디스캔은 감각해야 할 대상이 우리 몸의 각 부분이었지만, 먹기 명상이나 걷기 명상에서는 감각해야 할 대상이 우리 외부에 존재하는 사물이라는 차이가 있을 뿐이다.

먹기 명상은, 입안에 넣은 음식을 천천히 감각적으로 인식하려고 주의를 기울여 씹고 삼키는 것이다. 먼저 음식을 눈으로 보면서 형태의 아름다움을 즐기고, 코로 향기를 맡고, 혀와 입안의 근육을 이용해 그 질감을 느낀다. 마지막으로 꼭꼭 씹어 풍미를 즐기는 과정이 먹기 명상의 기본이다. 물론 동료들과 왁자하게 회식을 하는 가운데, 먹기 명상을 하기는 쉽지 않을 것이다. 그러나 평소 식사 시간에 첫 숟가락 정도는 이렇게 1분 먹기 명상이 가능할 것이다. 적어도 내가 지금 먹고 있는 이 음식이 어떤 향을 품고 어떤 모양새이며 어떤 질감인지, 그 맛은 어떠했는지 정도를 알고 먹는다면 마냥 배를 채우기 위해 음식을 입에 밀어 넣었던 때와는 사뭇 다른 감정을 갖게 될 것이다.

걷기 명상 역시 먹기 명상과 크게 다르지 않다. 혹시 아침 운동으로 조깅을 하고 있다면, 혹은 나른한 오후에 잠깐이라도 회사 주변을 산책하는 습관을 갖고 있다면 걷기 명상을 추천한다. 발바닥 아래 양말 또는 신발 안창과의 접촉면에 주의를 기울이고, 신발 겉창이 닿는 지표면이 시멘트인지 보도블록인지 흙인지 몸소 깨달아 보자. 발아래 대지와 연결된 공기의 내음, 피부에 닿는 바람의 결, 하늘의 구름까지도 연결지어 온몸으로 느껴 보자. 명상은 감각에 주의를 기울이며 지금-여기에 집중할 때 가능하다. 걷기 명상을 위해선 편안한 신발이 필요하다. 조건은 단 하나, 발바닥 전체가 바닥에 닿는 신발이다. 일상 속에서 걷기 명상을 꾸준히 실천할 수 있도록 사무실에 편안한 운동화 한 켤레 정도는 갖추어 두도록 하자.

텅 빈 자신을 오롯이 바라보면서 고요하게 자기 자신의 내면과 마주하는 시간을 가질 때, 이 시간은 자기 비난보다는 자기 자비와 자기 연민의 시간이 된다. 생각과 판단을 내려놓고 '있는 그대로의 나'를 바라보자. 거기 가여운 내가 있고, 외로운 내가 있으며, 힘겨워하는 내가 보인다. 지금까지 오느라 힘들었고, 버텨내려고 분투해 왔으며, 그 많은 시련과 역경을 이겨 내고 이렇게 이 자리에 살아남은 자로서, 누가 뭐라 해도 나는 충분히 '고귀한 존재'임을 알게 된다. 눈물이 날 수도 있을 것이다. 눈물은 흐르게 내버려 두자. 그리고 울지도 못하고 아득바득 기어온 나를 애처로운 눈으로 마주하자. 그렇게 만난 나에게 위로의 말을 건네자. 격려와 응원의 말도 하자. 누군가, 다른 이가 아닌 나 스스로 내 존재를 인정하는 것, 그게 첫째니까.

2. 타인과의 관계에서 행복 찾기

자기와의 관계가 아무리 중요하다고 해도 인간은 혼자 살아갈 수 없는 존재다. 셀 수 없이 많은 연구에서 강력한 사회적 지지나 유대 관계는 더 많은 정적 정서와 사회적 수용을 불러일으키고, 개인의 주관적 안녕은 물론이고 신체적 건강과 정서적 어려움의 해결에도 도움이 된다고 밝혔다. 자기 자신과의 관계 못지않게 타인과의 관계 역시 중요한 축인 것이다.

어느 날 직장 상사 때문에 고통받고 있다는 30대 회사원 P가 상담실을 찾아왔다. 날마다 많은 사람들 앞에서 공개적으로 자신의 흠을 들추고 비난을 일삼는 상사 때문에 그는 극도의 스트레스에 시달리고 있었다. 그렇다 보니 어딜 가도 그 상사에 대한 이야기만 하게 되었다. 가족과 있을 때나, 친구들을 만날 때, 여자 친구를 만나서도 그 상사에 대한 불평을 쏟아내느라 다른 주제에 전혀 관심을 기울일 수가 없었다. 괴로운 심정을 잠시라도 잊기 위해 자주 술을 마셨고, 취해서 귀가하는 날이 점점 늘어갔다.

하지만 언제부터인가 그의 주위 사람들은 입만 열면 나오는 그의 상사 뒷담화에 점점 심드렁해졌다. 직장 동료는 물론이고 가족들도 더 이상 그의 넋두리를 들어 주지 않았고 급기야는 또 술이냐며 핀잔을 주기에 이르렀다. 여전히 회사에서는 상사에게 시달렸고, 주위 사람들은 자신의 이야기를 들어주지 않자, 술 마시는 일만 잦아졌다. 여자 친구는 상담실에 가 보는 게 어떻겠냐고 권유했다.

그는 상담을 진행하면서 자기 자신이 어느덧 그토록 싫어하는 직장 상사의 표정과 말투로 불평만 쏟아내는, 주위 사람들이 모두 기피하는 사람이 되어 버렸음을 깨닫게 되었다.

지하철이나 버스에서 우연히 청소년들이 나누는 대화를 듣게 될 때마다 친구라면서 서로 얼마나 독한 말을 주고받는지 깜짝깜짝 놀란다. 이름 대신 욕으로 부르는 건 예사이고, '디스한다', 혹은 '깐다'는 등 서로를 평가절하하는 말을 아무렇지 않게 즐기는 것 같다.

사람 사이에 주고받는 언어는 매우 중요하다. 구舊소련의 저명한 석학인 언어학자 비고츠키는 언어는 사고의 또 다른 이름이라고 했다. 우리가 하는 말 속에 우리의 사고, 태도, 신념이 담겨 있는 법이다. 아름다운 노래를 들려주며 키운 젖소에게서 착유가 풍부하게 이루어지고, 식물도 생장이 더 잘 이루어진 사례는 익히 들어서 잘 알고 있을 것이다.

우리가 행복한 삶을 영위하기 위해서는 타인과 건강한 관계를 맺고 유지하는 것이 매우 중요하다. 인간은 사회적 동물이기 때문에, 타인으로부터 분리된 채 행복을 유지하거나 구축해 가는 것은 거의 불가능하다. 특히 우리나라처럼 공동체와의 관계를 중요하게 여기는 민족일수록 더욱 그렇다. 하지만 현대 사회에서 다른 개체와 건강한 관계를 맺는다는 것은 말처럼 쉽지 않다. 님비NIMBY니, 얌체족이니 하면서 이기적인 사례들이 적잖이 거론된다. 이웃과 공동체, 친구, 가족과의 연결과 유대가 산업화, 현대화를 거치며 본래의 순기능을 잃어버렸고 순종과 참견을 구속과 압박으로 풀이하면서, 긍정적인 면들이 많이 퇴색해 버린 탓이다.

새로운 흐름이 집단의 예속에서 벗어나 독립적 개체로서 성장하고 발전하는 데 기여한 것도 사실이지만, 한편으로는 진정한 행복을 경험할 중요한 채널을 잃어버리는 결과를 초래했다. 주변의 타인들을 함께 공생할 수 있는 조력자이자 공동체의 일원으로 보기보다는 언제든 나를 밟고 올라설 수 있는 경쟁자로 여기게 된 탓이리라. 그래서 많은 사람들이 온라인상에서나마 알지도 못하는 누군가에게서 위로와 공감을 얻으려 애쓰고 있는 건 아닐까? 이러한 현실은 씁쓸하다 못해 슬프기까지 하다.

현대인들은 모두가 외롭고 쓸쓸하다. 요즘 사람들은 기쁜 일이 있어도 시샘을 받을까 두려워 말하지 못하고, 슬픈 일이 있어도 못났다 손가락질을 받을까 두려워 말하지 못한다. 가슴에 품은 진실을 어느 누구에게도 털어놓지 못한 채 외롭고 고독하게 살아가고 있는 것이다.

내가 너무 비관적이라고 생각하는가? 자, 스스로에게 물어보자. 당신에게 좋은 일이 생겼을 때 스스럼없이 기쁜 일을 알릴 수 있는 사람이 몇 명이나 있는가? 질투나 시샘 없이 당신을 진심으로 축하해 줄 수 있는 사람이 과연 있는가? 반대로 당신에게 괴로운 일이 생겼을 때 고통스러운 마음을 있는 그대로 토로할 만한 사람이 있는가? 당신에게 일어난 일을 있는 그대로 들어주고 진심으로 함께 아파할 사람이 있는가? 나의 기쁨이나 슬픔에 대해 진정으로 공감하고 제 일처럼 여길 줄 아는 사람말이다. 우리 모두는 우리가 가진 어떤 것에 의해서가 아니라, 우리를 존재 자체로 봐주고 받아들여 주는 누군가가 필요하다. 그리고 우리 역시 누군가를 있는 그대로 받아들이고 인정할 줄 아는 사람이 되어야 한다.

지금 누군가로부터 공격 받고 상처 입어 힘든 시간을 보내고 있다면 이렇게 생각하자. 불쌍한 건 내가 아니라 매일매일 어두운 불평과 불만의 골짜기를 돌고 있을 바로 그 사람이라고. 남을 비난하고 흉을 보면서 살아가는 인생이란 얼마나 가여운가. 스스로를 사랑하지 않는 사람일 테니 말이다. 우리는 그저 그가 상처를 주려고 해도 상처 입지 않는 선택을 하면 그뿐이다. 우리를 괴롭히는 사람을 가엾게 여기는 넓은 안목, 즉 소인의 비난에 대인의 아량으로 대처할 필요가 있다. 주변에 대인이라 할 만한 사람이 있는지 평소에 잘 살펴보자. 소인을 미워하느라 시간과 에너지를 낭비하느니, 차라리 좋은 예를 닮으려 시간과 에너지를 쏟는 편을 택하자.

타인과 건강한 관계의 가치와 중요성에 대해서 충분히 이야기했으니 이제 방법에 대해 알아보기로 하자. 타인과 건강한 관계를 맺기 위해 구체적 방법을 이용하는 것보다, 삶에 대해 긍정적인 태도를 갖추는 것이 훨씬 중요하고 가치 있는 일이다. 여기에서는 긍정심리학에서 폭넓게 쓰는, 타인과 건강한 관계를 맺는 행동 전략 몇 가지를 소개하고자 한다.

적극적이고 건설적인 반응하기

우리에게 어떤 좋은 일이 생겼을 때 다른 사람들이 어떻게 반응하는지를 잘 관찰해 보면, 그 사람을 멀리해야 할 사람인지, 가까이해도 되는 사람인지 판단할 수 있다. 예를 들어, 직장 동료에게 "나 다이어트 성공했어!"라고 자랑했을 때 어떻게 반응하느냐에 따라 네 가지 유형으로 구분할 수 있다.

첫째, "살 뺀 건 좋은데, 그 체중 유지하려면 앞으로 고생 꽤나 하겠다. 빼는 것보다 유지하는 게 어려운 거 알지?"라고 한다면, 그는 '적극적이고 파괴적인 반응 유형'에 속한다. 이런 반응을 보이는 사람을 좋아하는 사람은 없을 것이다. 나에게 일어난 좋은 일을 함께 기뻐하기는커녕 어줍지 않은 충고로 찬물을 끼얹는 사람이다. 관계를 해치는 반응을 일삼는 사람으로, 되도록 거리를 두는 게 상책이다.

둘째, 얼굴을 제대로 쳐다보지도 않고 자기가 하던 일을 하면서 건성으로 "그래?"라고 시큰둥하게 답하는 유형이다. 그러면서, "근데, 너 맡은 일은 다 했니?"라며 전혀 상관없는 주제로 이야기의 방향을 바꾸었다면 그는 '소극적이고 파괴적인 반응 유형'에 속한다. 첫 번째 유형보다는 덜하지만 역시 좋은 관계를 맺기 어려운 유형의 사람이다. 이런 사람은 업무에서 능력을 발휘할지 모르지만, 다른 사람들과 원만한 관계를 유지하는 데는 부족한 사람이다. 그러므로 주위에 이런 사람이 있다면 마음의 상처를 입지 않도록 조금은 거리를 두는 것이 좋다.

셋째, 별다른 표정 변화 없이 무덤덤하게 "나는 네가 다이어트까지 할 필요가 있다고는 생각지 않았지만, 네가 기쁘다니 나도 기뻐" 정도로 반응하는 사람이라면, 그는 '소극적이고 건설적인 반응 유형'에 속한다. 앞서 살펴보았던 파괴적 유형과는 확연히 차이가 있다. 이런 유형의 사람들은 정서적으로 풍부한 반응을 하지는 않지만, 논리적이고 이성적인 수준에서 건설적인 반응을 보임으로써 관계를 다질 만한 능력을 갖추고 있다고 볼 수 있다.

넷째, 표정까지 환해지며 "어머나, 그러고 보니 진짜 그러네! 축하해! 어쩐지 오늘 뭔가 달라 보인다 했어! 살 빼기 어려운데, 세상에 그 어려운 걸 해내다니, 대단하다! 대체 어떻게 한 거야?"

등등 칭찬과 격려를 동반한 반응을 보이는 사람들은 '적극적이고 건설적인 반응 유형'이라 부른다. 앞에서 살펴보았던 그 어떤 유형보다도 건강한 관계 맺기 능력을 갖추고 있는 사람들이다. 겉치레만 일삼고 호들갑을 떠는 게 아니라, 진심에서 우러나오는 반응을 보이는 이런 유형의 사람을 좋아하지 않을 사람은 거의 없을 것이다.

유형	파괴적	건설적
소극적	**소극적-파괴적 반응** (제대로 보지도 않고 하던 일을 하며) 그래? 근데 맡은 일은 다 했니?	**소극적-건설적 반응** (큰 표정 변화 없이) 나는 네가 다이어트까지 할 필요가 있다고는 생각지 않지만, 네가 기쁘다니 나도 기뻐.
적극적	**적극적-파괴적 반응** 살 뺀 건 좋겠지만, 유지하려면 앞으로 고생 꽤나 하겠다. 빼는 것보다 유지하는 게 어려운 거 알지?	**적극적-건설적 반응** (표정이 환해지며) 어머나, 그러고 보니 진짜 그러네! 축하해! 어쩐지 오늘 뭔가 달라 보인다 했어! 살 빼기 어려운데, 세상에 그 어려운 걸 해내다니, 대단하다! 대체 어떻게 한 거야?

대인 관계에서의 반응 유형[24]

여러분은 직장 동료나 지인의 기쁜 소식에 어떻게 반응하는가? 타인의 기쁜 소식을 마주한 자신의 반응을 기록해 보면, 당신이 그의 기쁨을 진심으로 축하하며 응원하고 있는지, 그의 발전과 긍정적 변화에 건설적이고 적극적으로 반응하고 있는지 판단할 수 있다. 상대가 경험한 긍정적 사건에 관심을 갖고 질문하고 기쁨을 함께 나누며 적극적으로 반응하고 있다면, 당신은 이미 적극적이고 건설적인 반응을 하는 사람이라 할 수 있다. 다시 말해, 당신은 그 사람과 좋은 인간관계를 맺기 위한 조건을 갖추고 있는 셈이다.

그러나 당신의 반응을 일주일간 수집해 보니, 표에 제시한 네 가지 반응 유형 중 파괴적인 반응 유형이거나 건설적이더라도 소극적인 유형이라면, 적극적이고 건설적인 반응을 할 수 있게 될 때까지 연습해 보기를 권한다. 자주 만나는 한 사람을 정한 뒤 그 사람에게 적극적이고 건설적인 반응하기가 가능해질 때까지 반복해서 연습하는 것이다. 충분하다고 판단되면 새로운 사람을 찾아서 다시 연습하면 된다. 이 연습을 통해 진심에서 우러나는 긍정적인 반응이 몸에 밴다면, 주변인들과 좋은 관계를 맺을 수 있게 될 것이다.

단, 진심에서 우러나지 않는 허위 반응을 보이는 것은 곤란하다. 상식적으로 말도 안 되는 사건에 맞장구치고 적극적으로 공감하고 건설적 반응을 보이는 것은 결국 관계를 망치게 만든다.

우리는 피를 나눈 가족은 물론이고 사랑하는 연인 관계나 친구 사이에서도 '그럴 수도 있지'라며 너무도 쉽게 파괴적인 반응을 내보인다. 하지만 기억하자. 사랑이 사랑답고, 우정이 우정다울 때, 직장에서의 동료 혹은 학교에서의 선후배 사이에서의 관계가 따뜻하고 지지적일 때 비로소 모두가 행복할 수 있다.

3. 친밀한 관계의 같은 듯 다른 이름, 우정과 사랑

가족을 제외하고 특별히 친밀한 타인과의 관계를 우리는 우정, 또는 사랑이라 부른다. 우정과 사랑에 대해 이야기하기 전에 친밀한 사이란 어떤 관계를 말하는지 생각해 봐야 할 것이다.

사람들이 어떤 과정을 거쳐 친밀한 관계를 형성해 가는지 연구한 학자들에 따르면, 서로에 대한 앎, 신뢰, 배려와 보살핌, 상호의존성, 상호성, 희생과 헌신 등 여섯 가지 요소에 따라 친밀한 관계의 질이 결정된다고 한다. 간단히 말하면, 우리에게 가장 좋은 친구란 서로에 대해 잘 알고 신뢰하며, 주의를 기울여 염려하고, 생각과 감정이 잘 통하면서 좋을 때나 안 좋을 때나 곁에 있어 주는 헌신적인 존재이다.

스마트폰에 저장된 전화번호가 무려 천 명을 넘고, SNS 친구가 수백 명에 이르지만 정작 위급한 일이 생겼을 때 당장 달려와 줄 사람을 따져 보면 다섯 손가락을 다 꼽지 못하는 사람이 부지기수이다. 왜 이런 현상이 벌어지게 되었을까?

현대 사회에는 너무 많은 사람들이 살고 있다. 고대 중국 하은주 시대의 태평성대 시절이라든가, 우리나라의 고대 부족국가 시절엔 누가 누구의 아들이고, 누가 누구의 어머니인지, 또 누가 어떻게 성장하여 지금의 모습을 갖게 되었는지 서로 잘 알았다. 고대 그리스의 도시국가 폴리스의 인구가 적게는 약 4,000명 많게는 약 20,000명 정도였다고 하니, 오늘날 서울의 대단위 아파트 단지 하나 정도의 인구 규모에 불과한 셈이다.

그 시절 사람들이 생각했던 우리나라 혹은 우리 지역, 우리 동네의 경계는 오늘날 우리가 생각하는 것과는 매우 다를 것이다. IT의 발달로 아이부터 노인까지 누구나 스마트폰을 들고 다니는 요즘 사람들의 머릿속에서는 그 경계가 어디까지일까? 한 번도 대한민국 땅을 떠난 적 없고 스마트폰과 컴퓨터를 알지 못하는 80대 노인이 생각하는 경계의 범위와, 해외여행을 예사로 여기며, 태초부터 스마트폰과 컴퓨터, 그리고 유튜브를 경험하며 자란 10대 청소년이 생각하는 경계의 범위는 엄청난 간극이 있을 것이다.

오랜 세월에 걸쳐 넓어진 우리의 경계 인식과 다양하고 직간접적인 체험은 개방적인 관점을 갖게 한다. 그래서 많은 지식과 정보를 얻을 기회를 제공한다는 장점이 있지만, 정서적으로는 불안을 내포할 수 있다. 너무 넓은 경계 안에서 어디에 닻을 내려야 할지 알지 못한 채 심리적으로 방황할 여지가 많은 탓이다. 선택지가 너무 많으면 오히려 마음을 정하기가 어렵듯, 넓은 경계 인식을 갖고 있는 사람은 좁은 경계 인식을 갖고 있는 사람보다 자기만의 정체성을 찾기가 훨씬 어렵다. 군중 속의 고독이라는 말은 어쩌면 모든 현대인들에게 해당하는 이야기일 것이다. 특히나 서울처럼 세계적인 메트로폴리탄 시티에서는 말이다.

옛날 사람들은 요즘 사람들에 비해 지식과 정보가 부족하고 다양성이 부족했을지 모르지만, 사람들 간 연결과 유대가 있었고 서로 끈끈한 정을 나누며 살았다. 천천히 서로를 알아가고 느리게 신뢰감을 구축해 가는 데 걸리는 시간을 묵묵히 견뎌 냈다. 하지만 요즘 우리는 뜸이 드는 시간을 견디지 못한다. 서로를 믿고 자신을 개방하기까지 걸리는 시간을 허용하지 않을 뿐더러 쉽게 누군가를 믿지 못하다 보니 물수제비를 뜨듯 피상적인 관계만으로 만족한다. 상대에 대해 깊이 알고자 하면 시간과 노력을 들여야 하고 무엇보다 나 자신도 내보여야 하는데, 그럴 만큼 믿을 만한 사람인지 알 수 없다. 그렇다 보니 적당히 물러서서 서로 보이는 모습만을 선택할 수밖에.

그럼에도 우리는 누군가와 관계 맺기를 열망한다. 왜 우리는 친밀한 관계를 원하는 걸까? 모든 종류의 사회적 관계는 우리의 삶이 균형을 잃을 때 우리를 붙잡아 주는 안전망이 되기 때문이다. 실존적으로 인간은 결국 누구나 외롭고 고독할 수밖에 없고, 그래서 누군가와 연결되어 있다는 정서적 유대감이 필요하다. 타인과의 친밀한 관계는 혼자라는 외로움과 고독감을 감당할 수 있는 힘을 주기도 하며, 고통스러운 상황에서도 홀로 전전긍긍하지 않아도 된다는 자신감과 안정감을 갖게 도와준다. 또한, 친밀한 사람들과의 상호작용을 통해 경험하게 되는 정적 정서 경험은 우리의 웰빙을 증진시켜 행복에 이르게 한다.

학자들의 연구에 따르면, 사람들의 통념과 달리 행복은 지능이나 연봉, 사회적 지위와 관련이 없다. 뜻밖에도 친밀한 관계를 구축하고 유지하는 사회적 관계 맺기 능력과 관련이 높다고 밝혀졌다. 심리적, 정신적으로 건강한 사람은 사회적 관계로부터 철회되지 않고 주변인들과 적절한 관계를 형성하고 유지할 수 있는 사람인 것이다. 이제 친밀한 관계의 대표격인 우정과 사랑에 대해 알아보자.

우정과 사랑의 차이

친구 혹은 직장 동료로 오랫동안 알고 지내다 이성으로서의 호감이 생겨나면서 우정인지 사랑인지 헷갈렸던 경험을 해 본 적이 있는가? 이 헷갈리는 우정과 사랑은 어떻게 구분할 수 있을까? 학자들이 꼽는 가장 큰 차이점은 정서의 강렬함이다. 사랑이라는 말 속에는 우정과는 달리 성적 끌림과 관련된 구체적인 의미가 내포되어 있다. 우정은 성적 끌림과 같은 정서적 강렬함이 상대적으로 적다. 혹 사랑인지 우정인지 판단이 잘 서지 않는 누군가가 있다면, 이 글을 읽으며 관계를 되돌아보는 시간을 갖길 바란다. 만약 다음의 규칙들을 서로 지키는 사이라면, 두 사람의 관계는 우정이라 부를 만하다.

첫째 조건은 도움을 주고받는 것, 특히 정서적 지원을 주고받는 사이여야 한다. 둘째 조건은 서로에 대한 믿음인데, 비밀을 털어놓고 지켜주며 다른 사람 앞에서 비방하지 않는 것이다. 셋째 조건은 즐거움과 유머의 원천으로서, 함께 있을 때 서로 기분 좋게 해 주고 농담과 유머를 즐기며 좋은 소식에 누구보다 기뻐하는 동반자 관계이다. 넷째 조건은 서로의 친구나 연인 등 다른 관계에 대해 질투하거나 비평하지 않고 관용적으로 대할 줄 아는 포용이 있어야 한다.

이 네 가지 조건에 부합하는 이가 있다면, 분명 그는 당신과 좋은 우정을 나누고 있는 친밀한 존재이자 당신의 행복과 번영을 위해 주는 소중한 사람이다. 지금 당신 마음속에 떠오른 그 사람과의 관계를 돌아보며 네 가지 항목에 대해 스스로 점수를 매겨 보자.

우정의 조건	우정의 규칙	전혀 아니다 ———— 매우 그렇다					
도움과 돌봄	도움이 필요할 때 자원해서 도와주기.	⓪	①	②	③	④	⑤
	정서적으로 지지해 주기.	⓪	①	②	③	④	⑤
	그 자리에 없는 친구 변호해 주기.	⓪	①	②	③	④	⑤
믿음	서로의 비밀 공유와 보호하기.	⓪	①	②	③	④	⑤
	여러 사람 앞에서 비평하지 않기.	⓪	①	②	③	④	⑤
	프라이버시 존중하기.	⓪	①	②	③	④	⑤
즐거움과 유머의 원천	함께일 때 서로 기분 좋게 해주기.	⓪	①	②	③	④	⑤
	농담 주고받기.	⓪	①	②	③	④	⑤
	고통 함께 나누기.	⓪	①	②	③	④	⑤
	성공을 함께 기뻐하기.	⓪	①	②	③	④	⑤
관용과 포용	친구의 친구를 관용적으로 대하기.	⓪	①	②	③	④	⑤
	친구의 다른 관계들에 대해 질투나 비판하지 않기.	⓪	①	②	③	④	⑤
	진심 어린 충고는 하되, 잔소리하지 않기.	⓪	①	②	③	④	⑤

그렇다면 사랑은 어떨까? 우정과 같은 조건이 필요할까? 사랑은 우정과는 달리 훨씬 복잡하고 정서적인 폭발력을 갖고 있기 때문에 사랑의 조건에 대해 어떤 분명한 규칙성을 발견하기란 거의 불가능하다. 그러나 사랑에 관심을 갖고 연구했던 많은 학자들이 중요하게 꼽는 대표적인 특성들로는 자발성, 열정, 그리고 타인에 대한 배제성이다. 특히 이 타인에 대한 배제성, 곧 충실성은 우정과 아주 분명한 차이라 할 수 있는데, '바람을 피운다'라는 말은 연인이나 부부 관계에서만 통할 뿐, 우정 관계에서는 성립되지 않는다. 또한 우정 관계에서는 행복의 책임을 서로에게 지우지 않지만, 사랑하는 연인 관계에서는 상대방에게 내면 깊숙이 자리 잡고 있는 정서적 욕구(성적인 욕망을 포함하여)를 채울 수 있겠다는 기대를 갖게 된다. 하지만 사랑은 기대가 클수록 실망하게 될 가능성이 높으며, 아무리 사랑하는 사이라 할지라도 누군가 다른 사람의 행복을 책임진다는 것은 감당하기 힘든 짐이 될 수 있다.

이성 간의 사랑은 단계에 따라 '열정적(낭만적) 사랑'과 '동반자적 사랑'으로 구분하기도 한다. 열정적 사랑은 연애 초기 또는 결혼 초기 단계에서 흔히 보이는 유형으로 강렬한 성적 끌림, 전념, 타인 배제성, 그리고 환희에서 번민에 이르는 전 범위에 걸친 감정의 롤러코스터를 경험하는 단계이다. 이때는 사랑하는 사람과 함께 있으면 생리적으로 각성되고, 신체적으로 가까이하고 싶은 욕구를 느끼게 된다. 자연스럽게 그 사람을 이상화하게 되고, 그 사람에게만 전념하면서 사랑받고자 하는 강렬한 욕구를 느끼게 된다.

그러나 시간이 지나면서 정서의 강도가 약해지고 온화해지며 평온한 사랑의 단계로 진입하게 된다. 이를 동반자적 사랑이라 한다. 오랜 연인이나 부부간의 사랑이 이에 해당하는데, 불같이 뜨거운 열정이 아닌, 함께 살아오며 쌓은 따사로운 햇볕과 같은 은근한 애정과 감사의 마음을 갖게 되는 것이 특징이다. 이 단계가 되면, 사랑하는 사람이 삶의 여정에서 동행하는 가장 친한 친구이자 영적인 짝이 되었음을 의미한다. 그렇다고 동반자적 사랑이 우정과 동일한 것은 아니다. 어느 정도 비슷한 점은 있으나 두 관계는 엄연히 다르다. 친한 친구 간의 진심 어린 포옹과 오랜 시간 함께해 온 연인이나 배우자 간의 포옹 모두 우리를 행복하게 하지만, 그에 대한 반응은 분명한 차이가 있다.

사랑에 대한 학자들의 관심은 인류의 역사만큼이나 길다. 심리학에서 사랑을 정의하고 분류하려고 노력했던 시도들은 20세기 후반에 가장 뜨거웠는데, 지능연구로 유명한 로버트 스턴버그 교수가 제시한 사랑의 삼각형 이론triangular theory of love[25]이 가장 많은 지지를 받고 있다. 그에 따르면 사랑은 상호 이해, 온정, 그리고 염려와 보호를 의미하는 '친밀감', 강렬한 정서, 열광, 성적인 끌림과 관련된 생리적 각성을 의미하는 '열정', 그리고 관계를 위해 헌신하고 있다는 느낌과 관계를 유지하기 위한 노력을 결심하고 실천하는 '헌신'의 세 요소로 이루어진다고 한다. 이 세 가지 요소를 꼭짓점으로 사랑이라는 삼각형이 이루어지며, 이 세 요소의 조합에 따라 아래의 그림과 같은 다양한 관계 유형이 나타나게 된다.

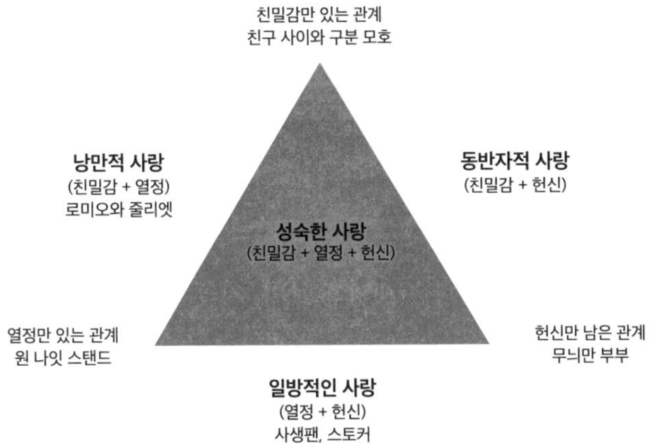

스턴버그의 사랑의 삼각형 이론

위의 유형 중 친밀감만 있는 관계는 우정과 구분이 모호하다. 그러나 친밀감에 열정이 결합된다면 로미오와 줄리엣 같은 낭만적인 사랑으로 발전할 수 있다. 또한 친밀감에 열정 대신 헌신이 결합된다면 오래된 연인 혹은 부부처럼 지속적인 관계의 견고한 토대가 되는 동반자적 사랑으로 분류된다.

반면, 친밀감 없이 열정만 있는 관계는 상호 간에 어떠한 약속과 신뢰도 없는, 이른바 원 나잇 스탠드 같은 관계다. 또한 친밀감 없이 열정과 헌신으로만 이루어진 일방적인 사랑은, 연예인을 향한 열성팬의 맹목적 사랑이나 스토커의 비이성적인 집착을 예로

들 수 있다. 한편 친밀감이나 열정도 없이 헌신만으로 이루어진 관계를 껍데기만 남은 관계라 할 수 있는데, 이는 정서적으로 죽은 관계라 할 수 있다. 소위 쇼윈도 부부라 불리는 이들이 여기에 속한다. 이들은 경제적인 이유나, 사회적 체면 유지 또는 양육의 의무 등으로 관계를 지속한다.

우리가 바라는 가장 이상적인 사랑은 친밀감을 바탕으로 열정과 헌신이 결합된 성숙한 사랑이다. 친밀감, 열정, 헌신의 세 꼭짓점이 모두 높은 수준으로 균형을 이룰수록 사랑의 완전성은 높아진다.

자, 이제 당신의 사랑을 조망해 보자. 지금 하고 있는 사랑 또는 지난 사랑의 역사들을 되짚어 보며, 당신이 지금껏 맺어온 사랑의 관계를 정리하는 시간을 갖기를 바란다. 당신이 지금 하고 있는 사랑은, 또는 지난 사랑은 다음의 여러 사랑의 모습 가운데 어떤 모양에 더 가까운가?

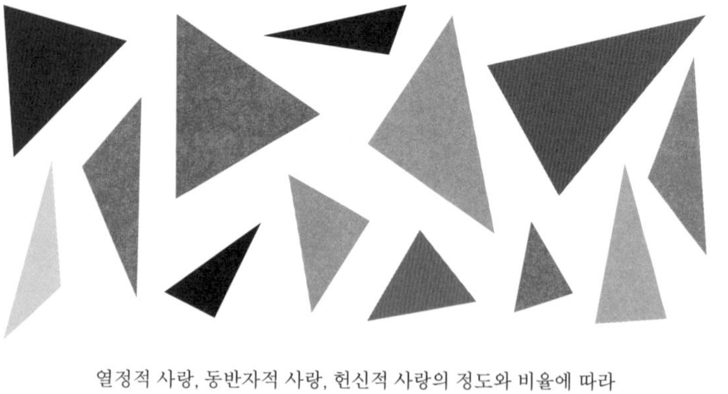

열정적 사랑, 동반자적 사랑, 헌신적 사랑의 정도와 비율에 따라
다양한 형태로 나타나는 사랑의 삼각형

4. 애착과 사랑의 역사, 그리고 지금의 나

친밀한 관계와 사랑에 대해 이야기하면서 애착을 언급하지 않을 수 없다. 애착을 이야기하자면 우리는 과거를 돌아보아야 한다. 지난 관계의 역사를 되짚어 보아야 오늘의 우리 자신을 이해할 수 있고, 우리 곁의 소중한 사람들과 좋은 관계를 맺을 수 있다.

어린 시절 내가 살던 동네에는 유명한 한의원이 있었는데, 그곳에는 나보다 나이가 몇 살쯤 많은 언니 한 명이 살고 있었다. 몸이 아파 친척집인 한의원에 요양차 와 있다고 했다. 30년도 넘은 일이라 언니 얼굴도 가물거릴 만큼 기억이 희미하지만, 몇 개월 후 본가로 돌아간 그 언니가 내게 보내온 편지 구절은 지금도 잊지 않고 똑똑히 기억한다. '정미야, 나는 네가 어떤 사람으로 성장하는지 지켜보고 싶어'. 그때 그 언니의 무엇이 내게 그런 편지를 쓰게 했을지, 또 나의 무엇이 그 언니에게 그런 마음이 들게 만들었는지 알 수 없다. 다만, 나의 성장을 지켜보고 싶다던 언니의 고백은 그 후로도 오래도록 내 마음에 남았다. 나에게는 이 일이 누군가로부터 순수한 관심을 받았던 최초의 기억이다.

고등학교에 입학하고 나서도 비슷한 경험을 했었는데, 그것은 누군가의 따뜻한 눈길이었다. 나의 경우, 나를 주의 깊게 보고 내게 관심을 기울여 주었던 고마운 사람들은 언제나 학교라는 공간에서 이루어졌다. 그 시절 내게는 좋은 선생님들이 계셨고, 소중한 친구들이 있었다. 학원에 다닌 적 없었고, 동네 친구들이 곧 학교 친구들이던 시절이었기에 가능했었는지 모르겠다. 그들의 따뜻한 시선은 나에 대한 관심이자 돌봄이었고, 인정이자 사랑이었다.

앞서 고백했듯이, 나는 부모님의 사랑을 받았던 기억이 거의 없다. 내겐 이 점이 언제나 콤플렉스였다. 대학에 입학한 이후 전공수업에서 부모와 자녀 간의 애착 형성과 발달에 대해 배우게 되면서, 처음으로 나와 엄마와의 관계를 이해하려는 시도를 하게 되었다.

애착은 영국의 정신의학자 보울비에 의해 처음 탐구되기 시작한 개념으로, 생애 초기에 주 양육자와의 관계에서 형성되는 지속적인 정서적 유대 관계를 말한다. 초기 애착이 어떤 방식으로 맺어졌는가에 따라 이후 만나게 되는 친구나 연인, 배우자 등 파트너와의 관계에 지대한 영향을 끼친다는 게 주요 내용이다. 처음 보울비가 애착이란 개념을 제시한 이래, 여러 심리학자들에 의해 영유아기 및 아동기를 중심으로 애착 연구가 활발히 이루어졌고, 점차 청소년기의 우정과 성인기의 사랑에 대한 심리학적 개념으로 확대되었다.

영유아기와 아동기의 애착은 크게 '안정 애착'과 '불안정 애착'으로 나뉘며, 불안정 애착은 다시 '불안-회피 애착'과 '양가형 애착'으로 나뉜다. 또한, 학대와 방임을 받으며 성장한 경우에는 '혼란형 애착'으로 분류되기도 한다. 이렇게 어릴 때 부모와의 관계에서 형성된 애착은 이후의 모든 관계에 영향을 미치게 되는데, 여기서는 성인기 애착을 중심으로 이야기를 풀어 가려 한다.

<table>
<tr><th colspan="2" rowspan="2">구분</th><th colspan="2">자기 상 (불안 차원)</th></tr>
<tr><th>긍정적 (낮은 불안)</th><th>부정적 (높은 불안)</th></tr>
<tr><td rowspan="2">타인 상
(회피 차원)</td><td>긍정적
(낮은 회피)</td><td>안정형 애착
(친밀감과 자율성 공존)</td><td>집착-의존형 애착
(과잉 의존)</td></tr>
<tr><td>부정적
(높은 회피)</td><td>거절-회피형 애착
(애착 거부, 의존 회피)</td><td>공포-회피형 애착
(공포 불안, 관계 회피)</td></tr>
</table>

성인 애착의 유형[26]

성인의 애착 유형은 위 그림에 제시하였듯이, '불안'과 '회피'라는 두 차원에 의해 크게 네 가지 유형으로 구분된다. 자기 상image이 긍정적이냐 부정적이냐에 따라 관계 불안이 낮거나 높고, 타인 상이 긍정적이냐 부정적이냐에 따라 관계 회피가 낮거나 높다. 물론 가장 이상적인 애착 유형은 자기 상도 긍정적이고 타인 상도 긍정적인 '안정형'이다. 이들은 자신이 사랑받을 만한 존재라고 인식하며, 믿을 만한 타인과 안정적으로 관계를 맺는다. 필요할 때 적절히 의존하면서도 스스로 독립성을 유지할 수 있는 사람들이다. 이 안정형의 사람들은 대개 어린 시절 부모와의 애착 역시 안정 애착 유형이었던 경우가 많으며, 성장 과정에서 만나게 된 친구나, 선생님, 직장 동료, 연인과의 관계에서 안정적인 관계 경험을 이어 갈 가능성이 높다.

두 번째 유형은 '집착-의존형'이다. 이들은 자기 상이 부정적인 반면, 타인에 대해서는 긍정적인 이미지를 형성하고 있는 까닭에 자신이 사랑받을 만한가에 의문을 가지며, 그런 만큼 상대에게 지나치게 의존하는 경향이 있다. 홀로 행복을 누리기 어려워 자꾸 상대에게 집착하고 아이처럼 애정을 갈구하므로 열망과는 달리 상대를 지치게 하거나 질리게 만드는 특징이 있다. 이 유형의 사람들은 대개 어린 시절 부모와의 관계에서 이 같은 불안 애착의 기원이 있어, 자신을 사랑하는지 습관적으로 상대에게 확인하려 한다.

세 번째 유형은 '거절-회피형'이다. 이들은 자기 상은 긍정적인 반면, 타인에 대해서는 부정적인 까닭에 상대를 받아들이지 못한다. 타인과 거리를 두어야 비로소 안정감을 느끼며, 냉소적인 태도와 이기적 성향으로 인해 타인에게 영향을 받지 않는다는 특징이 있다. 이 유형에게 호감을 느끼는 상대방은 계속해서 관계 불안을 느끼게 될 수밖에 없는 것이다. 하지만 이 유형의 사람들은 거절에 대한 두려움 때문에 애착을 거부하며, 상대에게 의지하지 않으려 부단히 애쓴다.

대부분의 사람들은 이러한 거절-회피형에 대해 매력을 잃고 멀어져 가겠지만, 집착-의존형이라면 이야기는 달라진다. 거절-회피형과 집착-의존형이 연애를 시작하면 어떨지 상상해 보라. 이 커플은 드라마에서 흔히 묘사되는 '나쁜 남자'와 '일편단심 순애보 여자'로 포장되는, 대표적인 불행한 연인에 해당한다. 거절-회피형은 상대가 잘해 줄수록 도망가고 싶어 하고, 집착-의존형은 상대가 도망갈수록 그에게 매력을 느끼기 때문에, 이 둘의 관계는 '위태롭게' 유지된다.

네 번째 유형인 '공포-회피형'은 자기 상과 타인 상이 모두 부정적인 사람이다. 누구에게도 기대지 못하고 관계 맺기를 두려워하며 회피한다. 이들에게는 상대를 믿는다는 것은 매우 힘든 일이며, 누군가를 귀찮게 하는 일도, 스스로를 괴로움에 빠트리지도 않는다. 친밀한 관계를 맺으려 하지 않기 때문에 사랑에 빠질 일도 없지만, 그래서 마음 다칠 일도 없다고 믿는다. 내적 고독에 쓸쓸히 노년을 맞게 되더라도, 스스로는 외롭지 않다고 여길지도 모른다. 누구와도 감정적으로 얽히지 않았으므로 어쩌면 행복한 삶이라 판단할지도 모른다. 그러나 이는 어디까지나 이성적 판단일 뿐 마음 깊은 곳, 자신이 미처 알아차리지 못하는 심연에서는 고독과 외로움, 사랑받고 싶은 열망의 좌절 등으로 인한 상처가 도사리고 있다.

정리하자면, 공포-회피형이 애착에 대한 두려움 때문에 누군가와 관계 맺기를 피하려 한다면, 거절-회피형은 애착 자체를 거부하며 누구에게도 의존하지 않으려 애쓴다. 공포-회피형이 사회적 불안과 자기주장 결여와 같은 대인 관계 문제를 경험할 가능성이 높다면, 거절-회피 유형은 타인에 대한 냉담한 태도로 원성을 살 가능성이 높다. 집착-의존형은 불안하기 때문에 관계에 집착하지만, 바로 그 이유 때문에 원하는 만큼의 안정감을 얻지 못한다. 반면, 안정형은 자율적이고 독립적으로 존재할 줄 알면서 동시에 누군가와 깊은 신뢰와 친밀감을 나누는 것에 열려 있다.

여기까지 읽고서 자신이 안정형이 아니라고 생각하는 사람이 있을 수 있다. 또는 지금 친밀한 관계에 있는 연인이나 배우자가 불안정 애착이라고 느낄 수도 있겠다. 물론 안정형이 가장 건강하고 만족스러운 관계라 할 수 있으나, 꼭 안정형이 아니더라도 우리는 충분히 만족스러운 관계를 영위할 수 있다. 또한 생의 초기 부모와의 관계에서부터 안정형으로 분류될 만한 좋은 관계 경험을 할 수 있었다면 더없이 좋았겠지만, 우리의 출발이 안정 애착이 아니었다고 해서 남은 우리 인생이, 이후의 모든 관계가 망가지는 것은 아니다.

처음 애착 이론을 배웠던 대학 3학년 때 나는 엄마와의 관계를 불안정 애착으로 분류했다. 나의 어머니는 자식들을 따뜻하게 품어 주는 여느 어머니들과는 달랐다. 우리 삼남매는 우리끼리 똘똘 뭉쳐서 서로 의지하며 알아서 커야 했다. 어머니는 재능이 많았고, 똑똑했으며, 그런 만큼 콧대가 높아 소위 잘난 맛에 사는 사람이었다. 지금 되짚어 보면 아마도 젊은 날의 어머니는 거절-회피형, 아버지는 집착-의존형이었던 것 같다. 거절-회피형에게 매력을 느끼기 쉬운 유형은 언제나 안타깝게도 집착-의존형이다. 더군다나 그 거절-회피형이 매력을 많이 가진 사람일수록 집착-의존형은 관계를 끝내지 못하고 속절없이 매달리게 된다. 당시 나는 애착 공부를 할수록 좌절감을 느꼈었는데, 애착 이론에 따르면 나는 불안-회피 유형으로 양육된 아이였기 때문이다.

정서적으로는 냉담하고 방임적이었으나 교육적 성취에 있어서는 지나친 열정을 보였던 어머니의 비일관적인 양육 태도는 나로 하여금 어머니와 정서적 거리를 만들기에 충분했다. 양육자의 보호를 유지할 수 있을 만큼은 가까이 있지만, 거절당하지 않을 만큼은 적절히 떨어져서 지내는 생존법을 터득했던 것이다. 성적이 떨어지면 화를 내지만, 잘하는 건 너무 당연한 것이어서 칭찬하지 않던 어머니. 어린 시절 추운 겨울 학교를 마치고 집으로 뛰어가 엄마가 누워 있는 따뜻한 아랫목 솜이불 속으로 파고들었을 때, 찬바람 든다며 꽁꽁 언 내 두 다리를 발로 차갑게 밀어내던 어머니. 나는 눈치껏 공부를 잘하면서 어머니를 귀찮게 하지 않아야 하는 회피형 아이로 성장했다.

부모의 양육 태도와 자녀의 애착 유형에 대해 알면 알수록 나는 마음이 힘들었다. 선무당이 사람 잡는다고 어설픈 지식을 갖추게 된 탓이었다. 나는 사랑에 부적절한 사람이 아닐까, 내가 과연 누군가를 제대로 사랑하고 또 사랑받을 수 있을까, 이 다음에 아이를 낳아서 엄마 역할은 제대로 할 수 있을까 등등 사랑과 관계에 대한 온갖 부정적 생각에 젖어 들었다.

사랑에 유독 자신이 없었던 데는 이유가 있었다. 생의 초기에 양육자와의 관계가 안정 애착이 아니라면, 이후의 모든 관계에서 이 불안정 애착의 역사가 반복될 것이라는 초기 애착 연구자들의 예측 때문이기도 했고, 그 무렵 실패한 몇 번의 연애 경험이 이 부정적 예언에 힘을 실어 주기도 했다.

대학원에 진학하고 본격적으로 애착을 탐구하면서 다행스럽게도 나의 부정적인 생각은 바뀌게 되었다. 성인 커플을 대상으로 한 논문들을 접하면서 두 사람 중 한 사람만이라도 안정 애착이라면 불안정 애착 유형의 사람도 안정 애착을 형성할 수 있다는 사실을 알게 되었기 때문이다.

엄마와 불안정 애착이었던 아이가 자라서 맺게 되는 연인이나 자녀와의 관계가 반드시 불안 애착으로 형성되는 건 아니라니! 안정 애착 유형의 연인을 만나 안정적인 관계를 경험한다면, 과거 부모로부터 겪은 애정 결핍이나 실조를 보상받을 수 있다는 연구 내용은 내게 정말 기쁜 소식이었다. 내가 주목할 일은 사랑을 시작할 때 그 사람의 외적 조건이 아니라 내적 측면에 초점을 두는 것이었다. 동성 친구에게서도 안정 애착 유형의 성품을 지닌 친구들에게 좀 더 주목하고, 그들의 좋은 관계 맺는 능력을 닮으려 노력했다. 그들과 친밀한 관계를 맺으려 애쓰는 것이 결국 나를 구원하리라는 긍정적 기대가, 실낱같은 희망이 생겼던 것이다.

석사 과정 때 만났던 지금의 남편과 박사 과정 마지막 학기에 결혼을 하게 되었고, 처음 애착 이론을 접하고 좌절감을 느낀 지 10년이 지나 마침내 내 오랜 번민과 방황의 귀결점을 마주하게 됐다. 가장 자신 없었던 엄마로서의 역할에 대한 시작점인 첫 아이를 얻은 것이다. 출산 후 분만실에서 간호사가 아이를 가슴 위에 올려 주던 순간을 잊을 수 없다. 아니, 태어나기 전부터 이미 아이와 내가 함께한 그 모든 순간이 내게는 축복이었다. 아이와 나의 관계, 애착을 겁낼 필요가 없었다. 나의 두 아이들은 어떤 노력도 필요 없이 그저 존재 자체만으로도 내게 기쁨을 주는 숭고한 선물이었다.

사랑이란 서로를 지켜봐 주고 따뜻한 마음으로 그의 영혼에 시선을 주는 일이다. 이 광활한 우주에서 보잘것없는 내가 생명을 가진 하나의 존재로서 살아 있음을 알아줄 한 사람쯤 갖고 싶은 것은 인간 본연의 욕구다. 그러므로 서로의 아름다운 모습만을 보여 주는 관계는 참사랑일 수 없다. 지질하기 짝이 없는 모습마저도 서로의 일면으로 받아들일 줄 아는 사이여야 한다. 나 자신뿐만 아니라 우리가 사랑하는 사람에 대해서도, 잘난 모습뿐 아니라 못난 모습, 멋진 모습뿐 아니라 초라한 모습도 받아들일 수 있어야 한다.

우리는 여전히 관계가 두렵고 불안하다. 내 못난 모습을 상대가 알면 나에 대한 사랑이 식을까 두려워서 예쁘고 멋진 모습으로 자꾸만 포장하고, 언젠가 진짜 모습을 들킬까 불안해하기도 한다. 또 사랑한다고 말하지만, 그의 못난 모습은 보고 싶지 않아 하고 혹 그런 모습을 알게 되면 실망하기도 한다. 내가 좋아하는 모습만을 그에게서 보고자 한다면 그는 계속해서 내게 거짓된 모습을 보일 수밖에 없다는 사실을 잊은 채 말이다. 이러한 두려움, 불안이 지나쳐 공포가 되기도 하는데, 용기와 진정성 없이 열정과 두려움만이 가득한 사랑은 불안정한 관계일 수밖에 없다. 진정한 사랑이라면 두려움과 불안에도 불구하고 서로의 진짜 모습을 바라보는 용기를 내어야 한다.

당신은 지금 어떤 사랑을 하고 있는가? 어떤 사랑을 꿈꾸는가? 사랑을 위해 지금 당신이 해야 할 일은 어린 시절 어머니와의 관계부터 지나온 모든 우정과 사랑의 궤적을 되짚어 보는 게 아닐까? 당신이 어떤 사랑을 하고 있건, 앞으로 어떤 사랑을 꿈꾸건, 자기 자신을 이해하는 게 우선일 테니까.

5. 지속적인 사랑의 비결, 행복한 커플과 불행한 커플의 차이

심리학자들은 일반인들이 생각하는 것보다 훨씬 더 사랑에 관심이 많다. 시인과 예술가들이 도무지 알 수 없는 '그놈의 사랑'에 대해 넋두리할 때 심리학자들은 사랑을 정의하고, 규명하고, 사랑이 생성되고 소멸하는 과정을 설명한다. 아울러 사랑의 결말과 그 효과까지 예측하고자 많은 노력을 기울여 왔다. 여기서는 사랑을 총체적으로 밝혀내고자 노력해 온 결과를 풀어 보고자 한다.

여기 두 커플이 있다. 한 커플은 사귄 지 1년 남짓 된 사이로 서로에 대한 열정은 뜨겁지만, 그 열정에 비례해 다툼도 잦다. 습관과 생활 방식, 서로의 친구나 가족 등 서로 아는 것이 조금씩 늘어가면서 마음에 안 드는 것이 생겨나고, 그러다 보니 사소한 일에서 의견 충돌이 일어날 때가 많아졌다. 잘 모르던 땐 그 다름을 있는 그대로 받아들였지만, 시간이 지나면서 자신과 다르다는 사실에 실망하게 되고, 서운함을 토로하며 말다툼을 하게 되었다. 그렇게 자주 다투다 보니 어느덧 서로 비난하며 노려보는 등 상대에게 상처를 주는 행동이 늘어났다.

또 한 커플은 5년이라는 짧지 않은 시간동안 연인으로 지낸 탓에 열정이 예전 같지 않다. 이제는 서로가 가족인지 친구인지 연인인지 알 수 없다고 농담을 할 정도다. 그러나 힘들 때나 기쁠 때 서로를 가장 먼저 찾는 사이인 것은 변함이 없다. 두 사람은 5년이라는 시간 동안 관계가 이어질 수 있었던 가장 큰 이유로 갈등이 생겼을 때 대화를 하려고 노력했던 점을 꼽았다. 마음을 말로 표현함으로써 상대에게 자신을 이해시키려 했고, 상대방의 말을 경청함으로써 그 마음을 이해하려 노력했다.

부부관계의 대가인 가트맨 박사[27]는 연구를 통해, 부부간의 결혼 만족도는 서로를 얼마나 열정적으로 사랑하는가가 아니라, 부정적인 의사소통이 얼마나 적은가에 달려 있다고 입증했다. 실제 많은 연인들이 서로 사랑하지 않아서 헤어지는 게 아니라, 더 이상 대화가 통하지 않아서 헤어진다는 것에 주목할 필요가 있다.

가트맨 박사는 행복하지 않은 커플들이 주로 저지르는 대표적인 의사소통 유형으로 비난하기, 자격지심으로 방어적 태도 취하기, 가슴에 비수 꽂는 말하기, 경멸하거나 조롱하기를 꼽았다. 바꾸어 말하면, 아무리 서운하더라도 연인의 잘못을 직접적으로 비난하거나, 자신의 자격지심 때문에 방어적인 태도로 상대를 대해서는 안 된다. 또한 아무리 화가 나더라도 상대의 가슴에 대못을 박는 아픈 말을 하거나, 약점을 콕 집어 조롱하거나 멸시하는 행동도 해서는 안 된다는 말이다. 평소에 백 번 잘 하더라도 몇 번의 부정적인 태도와 행동은 상대에게 큰 상처와 배신감을 심어주게 된다. 그리고 그 빈도가 잦고 반복된다면 결국 관계는 깨지기 마련이다. 내 편이라고 믿었던 사람이 가장 큰 적으로 돌아서는 순간, 이 동맹은 깨질 수밖에.

사랑을 깨뜨리는 방법	사랑을 유지하는 방법
비난하기	상대가 잘못했을 때 비난하기 보다 '나-전달법'으로 내 마음 표현하기
방어적으로 대하기	자격지심이 들 때 숨기지 말고 되도록 그 마음을 말로 표현하기
가슴에 비수 꽂기	어떤 경우에도 상대의 상처와 약점은 성역처럼 지켜주기
멸시 또는 비하하기	존중하기

연인과의 갈등에 대처하는 두 가지 방법

한 커플의 전형적인 갈등 상황을 들여다보자. 이 남성은 여성의 요구가 부담스럽고 불편할 때 후퇴하는 경향이 있다. 문제에 직면하기보다는 상황을 피함으로써 안전감을 느끼려고 하는 것이다. 이렇듯 거리를 두려는 남성의 행동은 여성에게 좌절감을 느끼게 한다. 상처받은 여성은 남성을 비난하며 공격하는 태도를 취하게 되고, 여성이 공격적일수록 남성은 철수하게 되는 악순환이 반복된다. 그리고 불행한 커플은 이 고리에서 도무지 벗어나지 못할 때 헤어지는 수순을 밟는다.

그렇다면 행복한 커플은 갈등 상황에 맞닥뜨렸을 때 어떻게 할까? 행복한 커플들은 파트너의 잘못을 맞닥뜨렸을 때, 그 원인을 상대의 성격이나 자신에 대한 무관심이 아닌 불가피한 상황이라고 생각한다. 반면, 불행한 커플들은 파트너가 잘못했을 때 파트너의 그러한 행동이 곧 '날 사랑하지 않는 증거' 또는 '나에게 무관심하다는 증거'라고 생각하거나, 그러한 행동을 하게 된 원인이 파트너의 타고난 성격이라 고칠 수 없다고 생각한다. '절대 용서할 수 없는', '눈감아줄 수 없는' 잘못으로 풀이하는 것이다.

어쩌면 불행한 커플들은 사랑을 지나치게 낭만적으로 지각하고 있는 미성숙한 연인들일지도 모른다. 사랑하는 사이에는 언제나 사랑만이 있어야 하고 갈등이나 의견 충돌이란 있을 수 없다고 믿는 낭만적 사고는 현실과 거리가 있다. 이러한 비현실적인 기대는 불가피한 갈등 상황에서 흑백논리를 내세우게 하므로 성숙한 대화가 불가능하다.

커플 중 어느 한 쪽이라도 달콤한 사탕만 먹겠다고 어린아이처럼 떼쓰거나, 이상한 나라의 앨리스처럼 동화와 현실을 구분하지 못하는 어른 아이라면, 성숙한 사랑을 일궈 가는 일이 어렵지 않을까? 어른들의 사랑은 관계에서 갈등이 생길 수 있다는 것을 이해하고, 둘 사이에 문제가 생겼을 때 대화를 통해 함께 해결하려는 태도를 취하며, 긍정적 변화를 위해 서로 노력과 헌신을 실천하는 것이다.

스턴버그 박사의 사랑의 삼각형 이론에서도 성숙한 사랑이란 열정보다는 두 사람 간의 우정과 헌신(노력)이 더 많은 비중을 차지한다. 이는 라우어 박사의 연구[28]에서도 밝혀진 바 있다. 관계를 오래 지속한 커플들이 꼽은 첫째 비결은 '만족스러운 섹스'가 아니라, '함께 즐거운 시간을 보낼 수 있는 친한 친구 같은 연인 혹은 배우자'였다. 연인 혹은 배우자를 가장 가까운 친구로 꼽을 정도라면, 그 커플의 관계는 오랜 시간 이어질 확률이 높다. 또한 두 번째 비결로는 열정과 맞바꿀 수 있을 만큼의 '서로를 위한 헌신과 노력'이 꼽혔다. 관계가 안정적으로 오래 유지되기 위해서는 열정, 즉 육체적 사랑은 그다지 중요하지 않은 것으로 밝혀졌다. 세 번째로 꼽힌 비결은 '파트너를 웃음 짓게 만드는 유머'였는데, 학자들에게 있어 유머란 그 사람의 성격을 들여다볼 수 있게 해 주는 창문으로, 감출 수 없는 정서 반응이다. 두 사람이 같은 유머 감각을 가졌을 경우 관계가 안정적으로 유지될 가능성이 높다. 관계 초기에 형성되었던 이미지 메이킹의 왜곡 효과가 사라졌을 때도 상대에게 호감을 느낄 수 있기 때문이다.

우리는 때때로 사랑하는 사람이 아파할까 봐 우리의 고통과 불행을 감춘다. 하지만 나를 드러내는 일은 필요하다. 당신과 함께

여서 너무 행복하지만 당신과 함께하는 삶에서도 가끔은 행복하지 않을 때가 있음을, 지금이 행복하지 않은 건 아니지만 지금보다 더 행복해지고 싶은 욕구가 마음 한 구석에 여전히 꿈틀댄다는 것을 인정하는 게 중요하다. 연인과 부부 사이에서도 당연히 열등감이나 죄책감이 관계를 방해하기도 한다. 그 열등감과 죄책감으로 관계를 해치게 될까 두려워 혼자만 부둥켜안고 있다면 관계에는 도움되지 않는다. 상대 혹은 자기 자신을 비난하거나 책망하는 방식으로 혼자 끙끙 앓으며 자기만의 깊은 우물 속으로 파고들 테니 말이다.

둘의 관계에서 느끼게 될 수 있는 열등감 또는 죄책감마저도 있는 그대로 전달할 수 있을 때, 둘의 관계는 더 깊어지고 단단해질 것이다. 단, 불편한 감정을 풀어낼 때는 항상 '나'를 주어로 이야기를 풀되, 내가 느낀 감정을 먼저 이야기하고 고민스러운 부분을 이야기한 후, 상대방에게 도움을 청하는 방식으로 하는 것이 좋다.

여자 친구의 승진이 기쁘기만 하지 않은 남자 친구라면, "내가 느끼는 이 감정이 당황스러워. 당신이 승진하는 것이 분명 좋은 일인데, 내가 왜 기쁘기만 하지 못한 건지 모르겠어. 내가 속이 좁은 건가 싶고, 내가 부족한 남자여서 그런가 싶기도 하고. 이 감정이 혼란스러워서 힘들어"라고 솔직하게 이야기하는 편이 둘의 장기적인 관계를 위해 더 좋다. 이런 감정을 감추고서 "와~ 축하해. 진짜 잘 됐네"라고 말한다면, 당장은 감정을 속일 수 있을지 몰라도, 시간이 지날수록 여자 친구를 만나는 것이 점점 불편하고 힘들어질 것이다. 둘이 함께 보내는 시간이 전처럼 즐겁지 않게 되고, 관계가 점차 시들해질 가능성이 높다.

커플 간에도 열등감을 느낄 수 있다는 것을 인정하자. 더 나은 사람이 되고 싶다든가 지금보다 더 행복해지고 싶다는 마음을 갖는다는 데 연인이나 배우자에게 죄책감을 느낄 필요는 없다. 간혹 "내가 있는데 어떻게 더 행복해지길 바랄 수가 있어? 나랑 있는 지금이 가장 행복해야 하는 거 아니야?"라고 생각하는 사람이 있다. 하지만 더 행복해지고 싶다는 마음이 비난받아야 할 욕심일까? 지금보다 더 나은 사람이 되고 싶다는 마음이나 더 행복해지고 싶은 마음은 연인의 존재와 상관없이 우리 인간의 본성이다.

타인과의 관계에서 핵심은 언제나 '진정한 자기'인 채로 그의 세계로 들어가는 것이다. 그래야 그도 진정한 자기인 채로 나의 세계 안으로 들어올 수 있다. 두렵고 불안한 마음에, 진짜 자기 모습을 감추고서는 참다운 관계는 맺어지기 어렵다. 결국 그 관계에서 소외되는 것은 자기 자신이 될 테니까.

Chapter 6

나눌수록
커지는 행복

최근 '초월성'에 대한 학자들의 관심이 뜨겁다. 심리학에서 바라보는 초월성의 의미는 영국의 철학자 알란 왓츠가 정의한 '피부에 싸인 자아', 즉 우리가 개인이라 부르는 실체의 경계를 뛰어넘는 새로운 자기 개념이다. 초월성이라는 개념에 따르면 우리는 '가죽 부대에 담긴 영혼', 혹은 '육체라는 감옥에 갇힌 영혼'이 아니라, 타인과의 연결, 우리가 속한 집단이나 조직과의 유대, 나아가 자연계와 지구, 그리고 그 경계를 넘어 우주의 영역까지도 확장될 수 있는 존재다.

따라서 참된 행복은 내 한 몸의 안녕과 우리 가족 혹은 사랑하는 이의 행복을 넘어서, 내 이웃, 우리 민족, 아시아인, 세계인, 지구인의 안녕과 행복까지 염두에 둘 때 도달할 수 있게 된다. 이제 피부에 싸인 자아와 나와 접촉하는 가족과 친구, 연인을 넘어 더 큰 존재로서의 정체성과 연결되는 행복에 대해 살펴보기로 하자.

1. 다름을 받아들이는 지혜

어느 날 50대 부인이 상담실을 찾았다. 외아들이 아무래도 이상한 것 같다며 너무나 불안해했다. 그녀의 말에 따르면, 어릴 때부터 말 잘 듣고 부모 속을 썩인 적 없는 아들이 군에서 제대한 이후 변했다. 한 상에서 밥 한번 먹기도 힘들 만큼 부모와 얼굴을 마주하려 하지 않았고, 외출도 꼭 남들 다 자는 자정 즈음해서는 이튿날 아침이 되어서야 돌아온다고 했다. 집에서는 자기 방에 틀어박혀 밤새 컴퓨터 게임을 하는지 거의 잠을 자지 않는 것 같으며, 방 밖으로 잘 나오질 않으니 대화 한번 하기가 힘들다고 했다. 어떻게든 말이라도 걸어보려고 방에 들어가면 나가라고 소리를 치는 통에 한 마디 제대로 해 보지도 못하고 쫓겨나듯 방을 나오기 일쑤라고. 그녀는 잠을 잘 수도 밥을 먹을 수도 없는 지경에 이르렀고, 잠을 자려고 누우면 가슴이 답답해 꼭 숨이 멎을 것만 같다고 호소했다.

남부러울 것 없이 애지중지 키운 귀한 외아들이었다. 어릴 때부터 천성이 착하고 다정한 성품이어서 귀엽고 예쁜 짓으로 부모를 즐겁게 했으며 머리도 똑똑했다. 초등학교, 중학교 모두 임원을 맡으며 다녔고, 성적 또한 좋아서 특목고에 진학했으니 외아들에 대한 부모의 기대가 한껏 높아지는 건 당연한 일이었다. 고교시절부터 조금씩 예민해지며 부모에게 까칠해진 것은 입시 스트레스 때문이려니 하고 눈감아주었다. 그러나 그런 아들에 대한 부모의 인내는 성적이 웬만큼 나와 주었을 때까지만 용인되었다. 고등학교 2학년이 되며 아들의 성적은 계속해서 하락했고, 부모는 더 이상 참지 못했다. 성적을 둘러싼 어머니와의 갈등은 아버지와의 갈등으로까지 번지기 시작했다.

성적으로는 부모의 기대에 맞는 대학 진학이 어려웠기에, 상담 끝에 아들의 재능을 살려 미술대학으로 방향을 틀었고 부모가 기대한 대학은 아니지만 중위권의 대학 진학에 성공했다. 하지만 부모의 기대에 부응할 수 없었던 아들은 점점 엇나가기 시작했다. 군에 입대하며 부모와 떨어져 지낸 시간은 서로에게 휴전과 같았다. 그리고 아들이 제대했을 때, 부모는 아들이 완전히 다른 사람이 된 것처럼 느꼈고, 함께 어떤 대화도 할 수 없는, 싸움마저 불가능한 남이 되어버렸음을 알아차렸다.

이 이야기는 표면적으로 세대 간 갈등으로 보이겠지만, 사실 좀 더 복잡한 문제가 있다. 그것은 아들의 성 정체성과 관련 있다. 부모는 확연히 드러나는 정황과 아들의 행동에도 불구하고 그 사실을 받아들일 수 없었다. 마치 없는 일처럼 모든 것을 되돌릴 수 있다고 믿으며 부모는 최대한 아들을 압박했다. 고등학교 때 낮은 성적표를 받아들일 수 없었던 때처럼, 기대 이하의 대학에 진학했다는 사실을 받아들이지 못했던 때와 꼭 마찬가지로, 아니 그때보다 더욱 강력하게 부모는 그 사실을 거부하고 부인했으며, 인정하지 않았다.

나와 다른 사람을 사랑하는 것은 힘들다. 그러나 사랑한다면 다름을 받아들여야 한다. 어쩌면 많은 실망을 견디는 것이 사랑인지도 모르겠다. 부모는 자식이 자신의 기대대로 성장하기를 바라지만, 과연 그 기대가 사랑일까?

만약 누군가를 사랑한다면, 내 앞에서 그가 어떤 가면도 쓸 필요 없게, 자기 자신인 채로 어떤 두려움도 느끼지 않도록 사랑하자. '어떤 모습일 때만', '어떤 모습이어야만' 사랑하는 것이 아니라, '어떤 모습이어도' 그것이 그 자신이기만 하다면 변함없이 사랑한다는 믿음을 주자. 모두가 그럴 수 없다 해도 적어도 부모는 자식을 존재 자체로 사랑해야 한다. 연인도 바뀔 수 있고, 친구도 헤어지면 새로 사귈 수 있지만, 낳아 준 부모는 바뀌거나 새로 구할 수 없다. 부모 된 자의 책임이란 무엇보다 사랑을 주는 데 있다.

나는 때때로 내가 자식을 키우는 게 아니라, 자식이 나를 키우는 게 아닐까 하는 생각을 한다. 남매를 키우며 부모로서 내가 성숙해지지 않으면 버텨낼 수 없는 크고 작은 일들을 겪었고 두 아이를 키우며 내가 강제 성숙을 당하는 느낌마저 들었다. '나'라는 세계가 깨지지 않으면, '너'라는 세계와 깊이 만날 수 없다. 아프락사스가 알을 깨고 나오듯, 성장하려는 자를 위해 반드시 하나의 세계는 깨져야 한다. 그리고 성장을 위한 고통은 진리이다. 성숙하기 위해 우리는 고통을 견뎌야 하고, 이 고통은 피할 게 아니라 차라리 반겨야 할 고통인 것이다. 자식으로 인해 고통을 겪기도 하지만, 그 고통은 반드시 나의 성숙으로 귀결된다. 그리고 내가 성숙한 만큼 내 자식도 자기 그릇에 맞게 성장함을, 나는 경험으로 알고 있다.

우리가 살아가는 이 사회 역시 마찬가지이다. 사회 역시 수많은 세계들이 충돌하고 갈등하며 부딪혀 깨진다. 충돌과 갈등 없이 조용한 사회는 성장하지 않는 사회이다. 세대 간 반목과 집단 갈등에 시끄럽다고 비난하는 사람들이 있다. 표면적으로는 우리 사회가 시끄러워 보일 수 있지만, 나는 우리가 부딪히고 깨지고 있는 게 아니라 성숙한 사회로 진화하는 중에 있다고 본다. 과거 전라도 남자와 경상도 여자의 연애와 결혼을 놓고서도 지역색과 정치적 편견으로 집안싸움으로 번지곤 하던 시절 이야기를 하면, 요즘 젊은 세대들은 아마 믿지 못할지 모르겠다. 이제 예전만큼 전라도와 경상도로 나누어 다투지 않기 때문이다.

지금 새롭게 창조되는 언어들을 보면 우리 사회의 여러 갈등요소들을 엿볼 수 있다. '남혐', '여혐'이라는 성적 편견과 갈등을 묘사하는 언어들이나 '육포세대', '이퇴백' 등 사회초년생으로 진입하기 어려운 암울한 현실을 표현하는 언어들, '태극기'와 '촛불'로 분류되는 정치적 견해 차이, '흙수저', '다이아몬드 수저'로 빗대어지는 계층 간 갈등, 이외에도 종교적 갈등을 비롯한 수많은 사회적 현안에 대한 입장 차이와 의견의 대립이 있다. 언뜻 보기에 서로 반목하는 것이 인상 찌푸려지고 평화롭지 않아 보일지 모르겠다. 하지만 이러한 다양한 소리들이 밖으로 드러나고, 넓은 마당에서 공론화되고 다 같이 이야기되는 곳이 우리 사회라는 것에 자부심을 가지는 건 어떨까.

성숙한 사람들이 많은 사회는 서로 다름을 존중한다. 어떤 색

깔의 어떤 모양으로 있든, 존재를 있는 그대로 수용하는 사람들이 많은 사회는 단연 성숙한 사회다. 나는 우리 사회가 그런 성숙한 사회가 되기를 바란다. 그러나 다른 사람에게 관심이 없는 사회, 함께 살아가야 할 사회를 둘러싼 공통의 담론에 아무런 관심도 없고 생각조차 하지 않으며, 자신의 견해를 피력하지도 않는 사회는 피상적으로는 평화로워 보일지 몰라도 결코 성숙한 사회로 보기 어렵다.

나는 우리 사회가 지금 성숙한 사회로 진화하는 중에 있는 '건강한 시끄러움' 속에 있다고 본다. 성장통을 앓는 중이며, 알을 깨고 나오는 중이라고. 성장하려는 자를 위해 반드시 하나의 세계가 깨져야 하듯이, 성숙하기 위해 우리는 이 고통을 견뎌야 한다. 물론 갈등과 대립은 고통스럽다. 하지만 지나온 투쟁과 대립의 역사가 오늘날과 같은 성숙한 시민 정신이라는 유산을 남겨 주었듯 앞으로의 반 세기 역시 지금의 투쟁과 대립의 결과로 새로운 정신을 유산으로 남길 것이라 믿는다.

그러니 나와 다른 사람에 관심을 기울이고, 그의 이야기를 듣고, 또 나의 이야기를 들려주며, 함께 살아갈 미래를 고민하는 것을 게을리 하지 말자. 서로 다른 이야기를 함께 나눌 수 있는 존재가 있다면, 우리 사회의 시끄러움은 건강한 성숙으로 이끄는 역동성이 될 것이다. 그리고 그러한 사회에서 살아가는 우리들이 강제 성숙됨은 당연할 테니, 덩달아 건강한 행복이 잇달을 것이다.

2. 나와 타인, 그래서 우리

내가 어린 시절만 해도 이웃들은 서로의 집을 드나들며 TV를 함께 보고, 저녁밥도 같이 먹었다. 집안에 크고 작은 일이 있을 때 친척들 못지않게, 가깝고 친밀하게 지냈다. 내가 자란 잠원동은 70년대 말에 대단위 아파트 단지가 막 들어서면서 풍속이 많이 바뀌어 버리긴 했지만, 그래도 80년대까지는 이웃들이 모여 함께 김장을 하고, 아이 옷을 서로 물려 입혔다. 모든 것이 지금보다 부족하던 시기였지만 끼니때가 되면 같이 놀던 앞뒷집 아이들도 같이 불러 밥을 먹이곤 하던 시절이었다.

하지만 지금 우리는 이웃집에 누가 사는지 잘 모르는 시대에 살고 있다. 그 집 식구가 몇인지 어떤 일을 하며 사는지, 아는 정보가 거의 없다. 뭘 나누어 주고 싶어도 서로 잘 모르니 나누는 게 옳은지 판단하기 쉽지 않다. 함부로 나누러 갔다가 혹시 무슨 오해를 사지나 않을지 걱정부터 앞서고, 그렇게 망설이다 보면 아예 교류할 생각을 않는 게 속 편해진다. 이웃은 서로 마음을 열지 않으면 좋은 관계가 되기 어렵다. 이제부터라도 골목이나 엘리베이터에서 마주쳤을 때 이웃집 사람이다 싶으면 눈여겨보는 건 어떨까. 철벽을 치며 차갑게 구는 사람이라면, 먼저 인사를 건네 보는 건 어떨까. 천천히 눈인사부터 시작하고, 기회가 되면 한두 마디 짧게 날씨 이야기라도 해 보자. 앞에서 익혔던 적극적이고 건설적인 반응하기 연습을 가까운 곳에 사는 이웃에게도 조금씩 적용해 보는 용기를 내 보자.

살다 보면 이웃 간에도 낯붉힐 만한 일들이 생기기도 한다. 그러나 평소에 다정한 인사 한두 마디라도 나누고 지내던 사이라면, 불미스런 사건이 생기더라도 부드럽게 넘어갈 수 있게 된다. 가까이 살고 있는 동네 주민과 척을 지거나 반목하면 나의 행복이 잠식당하는 건 자명하다. 내가 사는 집 가까이에 날 힘들게 하는 사람이 산다면, 집에 가는 마음이 결코 즐거울 수 없으며 집에 머무는 시간이 편안할 수 없다.

많은 학자들의 연구 결과, 공동체와의 연결감을 느끼며 사회적 관심을 갖고 사는 사람일수록 훨씬 더 행복하고 기대 수명 또한 길다는 것이 밝혀졌다. 자신이 속한 공동체와 자기 자신을 연결하여 일체감을 느낄수록 공동체와 교류가 늘고 애정이 쌓인다. 이는 혼자서는 해낼 수 없는 많은 것을 가능하게 하는 원동력이 된다. 한 사람 한 사람은 약하고 능력 또한 충분치 않지만, 공동체로 뭉칠 때는 그 힘이 강력해지고, 서로의 부족한 능력을 채워주기 때문에 문제 해결 능력 역시 향상된다. 공동체와의 연결감과 유대감은 우리가 행복해질 수 있는 중요한 채널인 것이다. 인본주의 심리학자 아브라함 매슬로우는 우리 인간은 소속과 안전에 대한 욕구가 있다고 이야기했다. 바로 이러한 소속과 안전에 대한 욕구가 가족과 가까운 인간관계에만 국한되는 것이 아니라, 더 큰 사회적 단위로까지 확장될 때 그 힘은 강력해진다.

요즘 자라나는 청소년들에게는 학교 폭력 이슈가 굉장히 중요하다. 내가 청소년이던 시절에는 멀리 떨어진 학교 학생들끼리 떼를 지어 싸움을 하는 경우가 더러 있었지만, 같은 반 친구를 괴롭히는 일은 드문 일이었다. 그 시절엔 아무리 문제아라 하더라도, 같은 반 친구 혹은 같은 학교 친구는 '우리'의 일원이기 때문에 괴롭히지 않는 의리가 있었다. 그러나 지금의 아이들은 우리 어른들이 이웃과 모른 채 지내듯이, 같은 교실에서 공부하는 아이를 친구로 생각하지 않는다. 우리의 일원이 아니라고 생각하기 때문에 사소한 갈등에도 서로 적이 되는 것 같아 안타깝다. 이 학교 폭력 문제는 연령대가 점점 낮아지더니, 이제는 초등학교 2학년만 되어도 학교폭력위원회가 열리는 일이 드문 일이 아니게 됐다.

이런 세태는 자라나는 성장기의 아동, 청소년에게만 국한되지 않는다. 군대나 직장에서도 이런 집단 따돌림과 괴롭힘이 발생하고 있다. 이 역시 '우리' 개념이 쟁점이라고 생각한다. 최근 주요 정부기관인 교육부와 국방부가 적극적으로 나서서 이러한 집단 따돌림 문제를 해결하고자 하는 것은 매우 반가운 일이나, 문제가 터지고 나서야 가해자와 피해자 중심으로 개입을 하는 지금의 방식에는 문제가 많다. 평소에 일상적으로 계몽이 되어야 하는 일이지, 문제가 터지고 사건이 벌어진 다음에 개입을 하는 것은 효과가 극히 미미하다. 사실 이런 문제는, 건강한 보통 사람들의 의식이 중요하다. 따돌림이나 괴롭힘이 발생하지 않도록 방어할 수 있는 다수의 보통 사람들이 공동체에 대한 애정과 유대감을 가지는 것만이 근본적인 문제를 막을 수 있다.

교육부와 국방부가 적극적으로 예산을 쏟아 집단 따돌림이나 괴롭힘을 예방하고자 하고 있지만, 내용을 들여다보면 구성원 모두를 대상으로 하는 적극적 예방이 아니라, 사건 당사자들에 대한 처벌이나 치료에 집중하는 사후 개입에 치중되어 있다. 그나마 학교와 군대에서 실시하고 있는 예방이라는 것도 강당에 사람들을 모아 놓고 일회성의 교육을 하는 수준이며, 가해자는 어떤 법적 처벌을 받으며 조직 내에서 어떤 불이익을 받는지 알려 주는 정도에 그치고 있다. 그러다 보니 어떤 것은 폭력이고, 어떤 것은 폭력이 아닌지에 대한 정보만 널리 알리는 셈이 되었다. 예방을 한다고 나설수록 실상 따돌림과 폭력은 법에 저촉되지 않는 선에서 점점 더 교묘하고 은밀하게 발생하는 형국인 것이다.

공동체 의식이라는 것이 요즘 젊은이들에게는 다소 전근대적인 언어이자, 구시대의 유물처럼 들린다는 것을 잘 안다. 그러나 이런 공동체감 혹은 우리 의식은 인간의 안녕과 행복, 그리고 번영을 위해 꼭 필요한 원천이다. 파스칼이 이야기했듯이, 인간은 무리를 지어 생활하는 사회적 동물이다. 그리고 많은 철학자들이 주장했고, 또 현대의 신경학자들이 뇌 과학 연구를 통해 입증했듯이, 우리 인간은 여타의 다른 동물들과 달라서 무리 내의 약자라고 해서 물어 죽이지 않는다. 고등 포유류인 우리 인간은 심리학자들이 '정서 지능' 혹은 '사회 지능'이라고 부르는, 특별한 능력이 있다. 이것은 IQ라고 부르는 단순한 지적 능력과 구분되는 것으로, 공감, 배려, 역지사지, 유대감 등을 바탕으로 하는 인간만이 가지는 매우 특별한 능력이다.

21세기 조직에서 중요시 여기는 리더십도 변혁적 리더십, 즉 부드러운 리더십이다. 성과만을 강조하는 카리스마 넘치는 리더가 아니라, 팀원들의 감정에 공감하고 전후 맥락을 이해하며 배려할 줄 아는 리더가 21세기가 요구하는 새로운 리더다. 마찬가지로 과거에는 조직의 구성원 개인의 능력이 훌륭하면 그만이었지만, 요즘은 '좋은 팀원'이 되는 것이 중요한 선발 조건인 시대로 바뀌었다. 개인의 능력만 출중하고 집단의 다른 구성원들에게 공격적이거나 잘 어울려 지내지 못한다면, 그가 관리자든 말단 사원이든 조직이라는 공동체에 해로운 사람으로 풀이된다.

크든 작든 자신이 속한 무리 안에서 사회적 관심을 기울이고, 구성원들 간의 인간적 관계를 잘 맺을 줄 아는 사람은 행복하다. 이렇게 행복한 사람이 많이 있는 무리는 행복한 공동체가 될 가능성이 높다. 개인적으로 행복한 사람이 자신이 속한 집단과 조직의 안녕과 번영에도 기여하기 때문이다.

나는 대학에 입학하면서 처음 286 컴퓨터를 사용했고, 석사과정일 때 삐삐라는 신문물과 인터넷 세상을 처음 접했으며, 40대에 스마트폰을 경험한 사람이다. 대학원에 다니던 1990년대 중반만 해도 통계 분석 결과를 보려면 밤에 퇴근할 때 연구실 프린터에 출력을 걸어 놓고, 이튿날 아침 출근해서 여전히 드르륵 드르륵 소음을 내며 결과를 뱉어 내는 도트 프린터를 애지중지하며 연구를 했던 세대 중 하나이다. 그러나 요즘 청소년들은 어떤가. 태초에 스마트폰이 있었던 세대들이다. 이들은 스마트폰과 태블릿 PC로 유튜브 영상을 보며, 트위터와 페이스북, 인스타그램 등 SNS로 세계 어디에 있는 누구와도 소통할 수 있는 시대에 살고 있다.

요즘 젊은이들은 사회와 공동체라는 개념 자체가 나의 세대와 다르다. 요즘 젊은 세대들에게 있어 사회와 공동체는 국적과 문화를 초월한다. 나의 세대에게는 편견과 역사적 과거로부터 벗어나 틀을 깨고 경계를 넘어 얼굴도 모르는 다른 나라의 누군가와 '우리는 하나'라는 의식을 갖는 것이 쉽지 않다. 그러나 요즘 세대는 관심사가 같고 공유할 만한 거리가 있다면, 시간과 공간이라는 경계를 넘어 세계 곳곳에 있는 사람들과 다양한 형태로 공동체를 형성한다.

대표적인 것이 팬덤 문화다. 스포츠일 수도, 케이팝일 수도, 영화 배우나 음악가 등 예술가일 수도 있다. 좋아하는 주제와 관련하여 일체감을 느낀다면, 인종과 국가, 종교, 정치색을 떠나 나라라도 건국할 기세로 잘 뭉친다. 이런 팬덤의 일원이라면, 자신이 다니는 학교에서 왕따를 당하더라도, 직장에서 꽤 힘든 상황에 처했을지라도, 어릴 적 트라우마로, 혹은 대인 관계 갈등으로 심리적 장애를 겪고 있을지라도, 소속감을 느끼고 다른 일원들로부터 공감과 위로를 받으며 강한 유대감을 느낀다. 새로운 형태의 공동체 의식인 것이다. '멀리 있는 친척은 가까운 이웃사촌만도 못하다'는 것은 옛말이다. 지금은 가까이 접촉하며 사는 가족, 이웃, 같은 반 친구, 직장 동료가 멀리 다른 나라에 살아 직접 대면하기 힘든 같은 팬덤 회원만도 못할 수 있다.

어쩌면 이러한 팬덤 문화 혹은 덕후 문화가 국가와 종교, 정치라는 엄격한 경계를 넘어서 그야말로 사람을 중심으로 하는 새로운 연대가 가능하지 않을까 싶다. 테크놀로지의 발달로 인간 소외가 일어나기 쉬운 건 사실이지만, 테크놀로지의 발달로 경계를 뛰어넘어 다양한 사람들 간 유대가 가능해진 것도 사실이다. 지금 우리는 한 번도 만난 적 없고, 앞으로도 평생 만날 일 없는 수만 마일 떨어진 곳에 사는 어린이를 위해 신발을 사줄 수도, 학비에 보태라고 일정 금액을 기부할 수도 있다. 이런 것이 바로 공동체감의 다른 형태라고 생각한다. 그리고 이런 공동체 의식이 우리가 속한 넓은 경계 안 모든 사람들에게 그리고 나 자신에게도 행복을 불러온다는 것을 나는 믿는다.

그러니 행복하고 싶다면, 다른 사람들과 모일 수 있는 공동체를 형성하라고 권하고 싶다. 지역 사회 내에 관심사가 비슷한 공동체를 찾는 것부터 시작해도 좋겠고, 앞서 이야기한 팬클럽 회원이 되어 팬덤 문화의 일원으로 활동하는 것도 좋다. 각종 운동, 취미, 종교, 정치, 사회 운동 등 관심 가는 어떤 모임이나 동호회에 가입하는 것도 좋은 방법이다. 좋아하는 것을 중심으로 모인 사람들 속에서는 외롭지 않으며 모임 자체가 즐겁다. 그리고 공동체를 위한 활동이 꼭 즐거움을 동반하지 않아도 좋다. 경우에 따라서는 즐거움보다는 고통이 우선될 수도 있다. 도움의 손길을 필요로 하는 누군가를 위한 헌신과 희생은 즐거움은 적지만 뿌듯한 만족감과 은근한 기쁨으로 더 큰 보상을 준다. 이에 대해서는 다음 장에서 좀 더 다루기로 하자.

3. 살아야 할 이유를 찾고 싶다면

내가 아는 어떤 의경은 친구들을 만나 클럽을 가고 술을 마시는 대신에, 주말이 되면 인근 지역의 저소득층 청소년을 위한 공부방에서 학습 멘토로 활동한다. 그는 자신에게도 암울했던 청소년기 기억이 있다고 말했다. 비록 자신에게는 그 시간이 다시 들추고 싶지 않은 콤플렉스로 남았지만, 자신과 비슷한 처지의 청소년들에게는 도움이 되고 싶다고 봉사 이유를 밝혔다. 또 아이들을 보면서 삶의 기운이 솟는다고도 했다. 단순한 쾌락적 즐거움을 내려놓고 의미 있는 시간을 보내기로 선택한 그의 이야기는 뭉클한 감동을 주었다.

또 어떤 주부는 자녀를 모두 출가시킨 후 허전한 마음을 지역 독거노인들을 위한 반찬 봉사를 하는 것으로 달랬다. 식구가 줄어서 음식하는 재미도 줄고 입맛마저 잃어서 삶이 우울해졌는데, 비슷한 처지의 주부 몇몇과 함께 반찬을 만들어 지역 노인들에게 나누어 주고 말동무도 해 드리면서 에너지를 얻고 있다는 것이다. 남편 탓, 시어머니 탓을 하며 혼자 힘든 시간을 보내던 그녀가 세상으로 나올 용기를 얻게 된 것은 '받으려고만 하던 태도'에서 '주려는 결심'을 하게 된 긴 상담의 결과였다.

오스트리아의 정신의학자 빅터 프랭클은 유태인 강제 수용소에서의 겪은 3년간의 자기 체험을 바탕으로 오늘날 실존 치료로 분류되는 의미 치료를 창안한 사람이다. 그는《죽음의 수용소에서》라는 그의 책 서문에 '살아야 하는 이유를 가진 사람은 어떤 어려움도 견딜 수 있다'라는 니체의 글을 인용하면서, 살아야 하는 이유 곧 삶의 의미에 대한 중요성을 설파했다.

그의 이론에 따르면, 우리 인간은 생물학적 존재이자, 심리학적 존재이며, 또한 영적 존재로서 다양한 차원을 가진 복잡한 유기체다. 우리는 생물학적 차원에서는 이미 결정된 존재이고, 심리학적 차원에서는 외부적 요인에 영향을 받는 존재이지만, 영적 차원에서는 자신의 삶의 태도를 스스로 정할 수 있는 자유 의지를 가졌다. 우리에게 주어진 것이 우리의 정체성을 이루는 전부라고 할 수 없는 것이다. 요약컨대, 우리 인간은 자유 의지를 가진 영적 존재라는 점에서 지구상의 다른 생물학적 존재들과 차별성을 지닌다. 또 환경이나 타인의 영향을 수동적으로 받고만 있지 않는다는 점에서 심리학적 차원을 넘어서는 존재다.

누군가 자신이 가진 강력한 힘을 무기 삼아, 자신보다 약한 이가 가진 것을 모두 빼앗을 수 있다 해도 단 한 가지 빼앗을 수 없는 게 있다. 그것은 삶에 대한 태도이다. 그 어떤 시련 앞에서도 우리는 당당히 자신의 삶의 태도를 결정할 수 있는 여지, 곧 자유의지가 있다. 삶의 시련 앞에서 "왜?"라는 질문은 소용없다. 오직 우리가 취해야 할 삶의 태도만이 있을 뿐이다.

프랭클 박사는 우리 인간에게 주어진 중요한 것으로 세 가지를 꼽았다. 어떤 상황 속에서도 존재하는 '무조건적인 의미', 그리고 '의미를 발견하려는 의지', 끝으로 상황을 바꾸거나 혹은 그것이 여의치 않다면 삶에 대한 우리의 태도를 바꿈으로써 '의미를 추구할 자유'이다. 이 세 가지 중 어느 하나라도 좌절되거나 억압당한다면, 우리는 실존적 공허에 시달릴 수밖에 없다. 이 내적 공허감은 삶을 지루하고 살 만한 가치가 없는 것으로 여기게 하고, 의심과 절망감으로 가득 차게 한다.

내적 공허, 즉 실존적 공허에 시달리는 경우 갖게 되는 삶의 태도는 크게 세 가지다. 삶에는 어떤 상황 속에서도 존재하는 무조건적인 의미는 없다는 '허무주의적 태도', 사람은 훈련되는 동물이나 조종이 가능한 기계와 같으므로 삶의 의미를 발견하려는 의지가 없다는 '환원주의적 태도', 그리고 우리에게 의미를 추구할 자유 따위는 없다는 '결정론적 태도'이다. 이러한 태도는 의미 있는 삶으로부터 멀어지게 해, 불행과 직결된다. 현대인 가운데 이런 허무주의적이고, 환원주의적이며, 모든 건 이미 결정되어 있어 우리가 추구할 자유 따위는 없다고 보는 결정론적 세계관을 갖고 있는 이들이 의외로 많다. 오늘날 정신 장애와 심리적 장애로 고통 받는 이들이 많은 이유이다.

진정한 행복은 우리가 삶의 의미를 추구한 결과로 얻어지는 것이라는 프랭클의 이야기를 바꾸어 말하면, '행복하고 싶다면 의미를 추구해야 한다'는 이야기다. 삶에 대한 자신의 태도가 허무주의적이거나 환원주의적이지진 않은지, 혹은 결정론적인 태도는 아닌지 점검해 볼 필요가 있다. 삶이 우울하고 허무하며 도무지 살아갈 의욕이 나지 않는다면, 아마도 삶에 대한 태도의 문제일 가능성이 높다. 물론 당사자들이야 다른 누군가 때문에 자신이 우울하고 허무하며 살아갈 의욕이 나지 않는다고 탓하고 싶겠지만 말이다.

그렇다면 우리가 추구해야 할 의미에는 어떤 것이 있을까? 아주 쉽게는 '순간의 의미'를 꼽을 수 있다. 일상 속 매 순간순간에는 되돌릴 수 없는 의미가 내재되어 있다. 그 순간의 의미를 찾는 방법은 생각보다 간단하다. 뒤따라오는 이를 위해 무거운 출입문을 잡아 주는 일, 복도에 떨어진 쓰레기를 주워 휴지통에 버리는 일, 쓸데없이 낭비되고 있는 전기나 물을 절약하는 일 등 사소하고도 간단한 일이다. 당장 보기엔 내 시간과 노력을 써야 하는, 혹은 내가 가진 어떤 것을 내 주어야 하는 일이라 다소 번거롭고 손해 보는 듯 여겨질지 모르지만, 한 수준 높은 차원의 기쁨이 보상으로 주어진다는 큰 장점이 있다.

다음으로 순간의 의미와 대비되는, '긴 시간에 걸친 의미'를 꼽을 수 있다. 이것은 인생을 살아가는 동안 우리의 경험 안에, 어떤 과업 안에 존재하는 의미로서 꽤 긴 시간에 걸쳐 차곡차곡 쌓여 간다. 어떤 사명이나 소명, 혹은 운명이라고 할 만한 숭고한 가치가 여기에 해당한다. 대체로는 어린 시절부터 시작되는 삶의 경험과 연결되어 직업적 소명으로 이어지기도 하고, 죽음에 이르기까지 이어지는 우리의 인생 철학과 맞닿아 있기도 하다. 이 장기적인 삶의 의미는 지나온 삶을 되돌아볼 수 있는 능력과 특정 경험의 내용에 대해 성찰할 줄 아는 능력, 그리고 앞으로의 삶을 내다볼 수 있는 능력이 있기에 가능하다. 우리의 성찰 능력을 바탕으로 발견하고 추구할 수 있는 이 긴 시간에 걸친 의미는 반드시 삶의 여정의 중심축으로 삼아야 할 필요가 있다.

어린 시절 자신을 이끌어 준 누군가를 닮고 싶어 그와 같은 삶을 따르는 사람도 있고, 과거 극심한 고통 중의 자신을 일으켜 세운 글귀 하나, 혹은 어떤 이의 시 한 구절에서 발견한 가치를 등대 삼아 망망대해와 같은 인생에서 좌표를 잃지 않고 항해를 이어가는 사람도 있다. 그것이 무엇이든 우리는 자신의 삶을 안내할 방향을 어떤 고귀한 가치에 기대어 찾고자 한다. 그리고 자신에게 등불이 되었던 가치를 자신의 삶에서, 현실 속에서 실현하고자 애쓰는 가운데 살아갈 힘이 생기고, 삶의 깊이와 향기가 생긴다.

순간의 의미든 다소 긴 시간에 걸친 의미든 삶의 의미를 발견하기 위한 방법에는 크게 세 가지가 있다. 첫째, 자신에게 주어진 재능이나 강점을 십분 활용하며 사는 삶, 즉 '창조를 통한 의미 발견'으로 이어지는 삶이다. 자신이 가진 재능이나 강점은 조금만 주의를 기울이면 쉽게 파악할 수 있다. 앞서 이야기했던 주부의 경우 가족을 위해 음식을 만들었던 자신의 강점을 살려 세상에 자신의 재능을 주는 '창조적 의미 추구'를 하고 있는 셈이다.

자신의 재능이 어디에 있는지 잘 모르겠다면, 어릴 적부터 주변 사람들로부터 들었던 칭찬이나 경탄 어린 반응들을 떠올려 보자. 누구나 또래 아이들만큼 힘들이지 않아도 쉽게 잘해 내는 일이 하나쯤은 있게 마련이다. 오랫동안 알고 지내온 가까운 지인들에게 물어 보거나 다중 지능 검사, 혹은 성격 강점 검사(VIA)를 해 보는 것도 좋다.

하워드 가드너의 다중 지능 이론에 의하면, 인간에게는 논리-수학적 지능, 언어적 지능, 시-공간적 지능, 음악적 지능, 신체-운동 지능, 대인 관계적 지능, 자연친화적 지능, 성찰적 지능, 초월적 지능 총 아홉 가지 영역의 다차원적 지능이 있다고 한다. 누구라도 대략 이 아홉 가지 지능 중 한 가지 영역에는 재능이 있다고 보는 것이다.

혹은 앞의 챕터 4에서 소개한 성격 강점 검사를 통해 자신의 대표 강점을 확인하는 것도 좋다. 자신의 강점을 파악하고 삶 속에서 자주 활용할수록 창조적 과정을 거쳐 의미를 발견할 가능성이 높아진다. 자신의 잠재력이 꽃처럼 피어날 수 있도록 삶에 적극적으로 임하는 활기찬 태도는, 잠재력을 최대한으로 발달시킴과 동시에 삶을 살 만한 가치가 있다고 생각하게 이끈다.

삶의 의미를 발견하는 두 번째 방법은 '경험을 통한 의미 발견'이다. 삶 속에서 가치 있는 것들, 즉 참되고 선하고 아름다운 것들을 경험하고자 하는 적극적인 태도를 통해 삶이 충만해질 수 있다. 세상을 살아가며 만나게 되는 경험들로부터 회피하지 않고 '기꺼이 경험하기'를 선택할 때 이전과는 다른 삶의 의미를 포착하게 될 가능성, 즉 '의미 포텐셜'이 높아진다. 반대로 낯선 것, 새로운 것을 두려워하고 물러설수록 삶의 의미를 찾을 가능성은 희박해진다. 자기 세계에 갇힌 사람은 '가죽 부대에 담긴 영혼', 혹은 '몸이라는 감옥에 갇힌 자아'라고 할 수 있다. 세상을 향해 열려 있는 사람은 날마다 새로운 세계를 경험할 가능성이 높고, 그만큼 피부에 둘러싸인 자아와 시공간을 초월하여 새로운 의미를 발견할 가능성이 높다.

또한 이것은 타인과의 관계 속에서 발견할 수도 있는데, 가장 대표적인 관계는 단연코 사랑이다. 존재를 존재 자체로 인정하고 수용하는 이 놀라운 경험은 우리의 삶을 그 어떤 것보다 충만케 한다. 남녀 간의 사랑만이 아니라, 부모-자녀 간의 사랑, 우정, 동료애, 이웃에 대한 사랑, 나아가 인류애까지도 모두 아우르는 초월적 사랑을 일컫는다. 이 사랑의 경험이 우리 인간을 가장 충만한 삶으로 이끈다는 것은 자명한 사실이다. 많은 지혜로운 이들이 언급한 바 있듯이, 사랑이야말로 천국을 엿볼 수 있는 놀라운 경험이기 때문이다.

삶의 의미를 발견하는 마지막 방법은 '태도를 통한 발견'이다. 이는 삶에서 마주치는 시련과 역경을 통한 발견으로, 앞서 언급한 두 가지 방법보다 더 높은 수준의 차원을 요구한다. 창조를 통한 발견은 내가 가진 것을 세상에 내어놓음으로써 발견하는 의미이고, 경험을 통한 발견은 삶으로부터 무언가를 내가 받아들임으로써 발견하는 의미다. 그러나 시련과 역경을 통한 의미 발견은 온전히 나의 태도에 달린 의지적 요소와 관련이 깊다. 때문에 이 세 번째 방법은 상당한 두려움을 동반하며, 그에 상응하는 용기가 필요하다.

삶의 여정 가운데 어떤 일이 닥치더라도 기꺼이 살아가는 용기, 삶이 아무리 고통스러운 비극으로 점철된다 할지라도 어딘가 숨겨진 의미가 있음을 믿어야 한다. 그 의미를 기어코 찾고야 말겠다는 의지 없이는 삶은 그다지 희망적이지 않다. 아이러니하게도, 절망스러운 상황이야말로 희망을 지녀야 하는 때이다. 삶은 언제나 곳곳에 시련을 숨겨 두고, 시련은 또한 꼭 그 만큼의 의미를 잉태하고 있다. 아픈 만큼 우리는 반드시 성장한다.

우리 인간은 언제나 상황을 더 나아지도록 만들 수 있는 능력이 있다. 당장은 상황이 점점 더 나빠지는 것처럼 보일지라도, 의지를 다지고 용기를 내면 좀 더 나은 국면으로의 전환이 일어난다. 그러므로 그 어떤 시련 속에서도 내 삶의 주인공은 나 자신이라는 믿음과, 이루고 싶은 자신만의 삶의 목적과 방향을 향해 한 발짝씩 나아가겠다는 태도를 잃어서는 안 된다. 때로는 제자리를 맴돌며 앞으로 나아가지 못하는 것 같고, 멀리 돌아가는 것 같을지라도 우리가 다다르고자 하는 삶의 방향을 잃지 않겠다는 태도만큼은 포기해서는 안 된다. 삶의 의미는 성공한 사람에게 있는 게 아니다. 오히려 시련과 역경을 경험할수록 의미가 충만한 삶일 수 있다. 비극적 상황에서, 고통과 시련 중에 낙관적 삶의 태도를 견지할 수 있다는 것, 그 자체만으로도 의미와 가치가 충만하다.

세월을 거슬러 더 먼 미래에서 지금의 나를 바라보면 어떨지, 또 과거의 내가 지금의 나를 보면 어떤 마음일지를 가늠해 보자. 긴 시간의 흐름 속에서 현재를 조망해 본다면, 삶의 의미를 좀 더 잘 발견할 수 있을 것이다. 지금 이 순간의 작고 소소한 의미들도 놓치지 않으면서, 좀 더 넓은 안목으로 생애 전반에 걸친 방향을 점검하는 것은 우리가 맞닥뜨리게 되는 크고 작은 시련을 견디는 힘이 되기도 하고, 삶의 동기를 북돋우는 방법이라는 것을 잊지 말자.

4. 행복은 페이 백pay back이 아니라 페이 포워드pay forward

정서적 안녕과 심리적 안녕에 이어 키이스가 사회적 안녕을 제시하고, 엘리슨의 영적 안녕까지 등장하면서 행복은 현대 심리학 분야에서 거의 완성형에 가깝게 개념화되었다. 키이스의 사회적 안녕social well-being은 이웃, 학교, 직장, 지역 사회 등 자신이 속한 공동체와의 관계가 건강하고 일체감을 느끼며 살아가고 있는가에 따라 행복을 판단하며, 엘리슨의 영적 안녕spiritual well-being은 자연과 우주, 인류의 영속적인 가치, 또는 신적인 존재와의 관계 및 결속이 어떤가에 따라 행복을 판단하는 개념이다.

이들 개념은 개인적 수준을 넘어 외부와의 관계까지 고려한다는 점에서 보다 거시적인 안목의, 한 차원 높은 개념이다. 말하자면 '숭고한 안녕'이라 할 수 있을 것이다. 이러한 안녕이 높은 사람들이 많은 사회와 공동체는 시련과 위기에도 불구하고 번영하게 된다.

외국인들이 우리나라에 대해 놀라워하는 일에는 횡단보도에서 신호등을 잘 지키는 것과 버스나 지하철을 탈 때 줄을 서는 것, 그리고 공공장소에서 남의 물건을 가져가지 않는 것과 쓰레기 분리배출 같은 것들이 있다. 우리에겐 너무나 당연한 것이어서 뭐가 그리 놀랄 일인가 싶지만, 사실 우리처럼 하는 나라는 찾기 힘들다. 이유야 여러 가지가 있겠지만 무엇보다 이웃과 환경을 생각하는 마음이 제일 크다고 생각한다. 우리에게는 세상은 혼자 사는 게 아니라는 것과, 지금 우리가 살고 있는 환경도 후대를 위해 깨끗하게 사용하고 되도록 잘 물려주어야 한다는 생각이 퍽 자연스럽다. 그렇기에 이러한 가치를 공공의 합의를 통해 사회적 규칙으로 삼고, 이를 지키지 않는 사람들에 대해 질타의 시선을 보내는 문화가 자연스레 형성되었다.

몇 년 전 나는 국방부로부터 건강한 군인 정신에 관한 연구를 의뢰받아 연구원들과 함께 육군, 해군, 공군, 해병대를 방문해 가며 연구를 진행한 적이 있었다. 각 군 부대를 다니며 계급별 군인들을 직접 만나 그룹 인터뷰와 개별 심층 인터뷰를 하면서, 기존의 이념적 차원의 군인 정신이 아니라 긍정심리 기반의 현대적인 군인 정신 개념을 구성해 내고자 공을 기울였다. 그러던 중 북한군이 매설해 놓은 목함 지뢰가 터지는 바람에 전 군에 비상이 걸리면서 연구에도 갑자기 제동이 걸렸다. 모든 부대에 외부인 방문이 금지된 것이다. 그동안의 모든 노력이 수포로 돌아갈 수도 있는 상황이었다. 그런데 얼마 후 이 사건은 오히려 반전을 일으켜 연구에 활력을 불어넣었고, 굉장히 의미 있는 결과를 낳았다.

당시 사고를 겪었던 수색대대 소대원들이 일촉즉발의 상황에서 보인 대처 행동과 동료애에 감동을 받은 나는 그들이야말로 훌륭한 군인 정신의 표본이라는 생각이 들었다. 그래서 그들을 직접 만나 연구의 마무리를 짓고 싶다는 뜻을 밝혔다. 어렵사리 국방부의 승인을 받아 수색대대 소대원들을 만날 수 있었고, 그들과 심층 인터뷰를 진행할 수 있었다.

그들은 고작 스물을 갓 넘긴 평범한 청년들이었다. 수색팀을 이끈 중사도 기껏해야 서른을 넘겼을 뿐이었다. 하지만 그들은 자신의 목숨이 위태로운 상황에서도 자신의 안위보다 동료의 안전을 우선시했고, 위험에 당당히 맞섰다.

지뢰가 터지고 자욱한 연기 속에 겨우 시야가 확보되었을 때 팀장이었던 중사가 본 것은 몇 미터 떨어진 철책에 날아가 거꾸로 매달린 부사관이었다. 중사는 폭발로 인해 뼈와 살이 드러난 부하의 피투성이 다리를 움켜쥐고 목이 터져라 이름을 부르며 정신 차리라고 외쳤다고 한다. 자신의 목숨을 생각할 겨를도 없이, 어떻게든 그를 살려서 함께 진지로 돌아가야 한다는 생각만이 전부였다고 했다.

더 놀라운 것은 사건이 벌어진 순간에 수색대원 팀원들은 모두 지뢰가 터졌다는 사실을 알지 못했다는 점이다. 그들은 적이 나무 뒤에 숨어서 수류탄을 던졌다고 생각했단다. 생각해 보라. 나무 뒤에 적이 숨어 자신들이 있는 쪽을 노리고 있는 상황에서, 또 언제 폭탄이 터질지 모르는 일촉즉발의 순간에, 폭탄을 맞고 피투성이가 되어 눈앞에 쓰러진 동료를 일으켜 세우는 일을 과연 할 수 있겠는가? 어떻게든 그를 살려 함께 본진으로 돌아가야 한다는 생각을 당신이라면 할 수 있겠는가?

내가 만났던 중사는 그때 자신이 손으로 움켜쥔 피범벅이 된 부사관의 다리가 따뜻했던 것만 기억난다고 했다. 어서 안전한 곳으로 옮겨야 한다는 생각밖에는 없었다고. 그리고 평상시 자신이 팀원들을 더 잘 훈련시켰더라면, 부하들의 심각한 부상은 막을 수 있었지 않았을까라는 생각에 자책하며 괴로워하고 있었다. 인터뷰를 진행하는 동안 나는 여러 차례 목이 메었고 눈물을 참느라 힘들었다.

놀라운 일은 한 가지 더 있었다. 사건을 겪었던 수색팀에는 의무병이 한 명 있었는데, 인터뷰를 하던 중에 그가 세월호 사건의 생존자임을 알게 되었다. 그는 입영통지를 받고서는 입대하기 전 여행이나 해야겠다는 생각에 배를 탔다가 사고를 마주했다. 힘든 외상 사건을 겪었기에 입영을 연기해도 되는 상황이었지만, 그가 선택한 길은 남들이 힘들다며 가장 기피하는 수색대대 자원이었다. 나는 그에게 의무병을 자원한 이유가 있는지 물었다. 그는 세월호 사건 당시 일곱 명을 구하고 빠져나왔는데, 그때 더 많은 학생들을 구하지 못한 것이 두고두고 후회가 되어 혹 다시 그런 위기 상황이 닥치면 한 명이라도 더 구하고 싶고, 응급 상황에서 필요한 조치를 제대로 할 수 있는 사람이 되고 싶어서라고 대답해 나를 놀라게 했다.

지뢰가 폭발했을 때 이를 놓치지 않고 TOD(열상 감시 장비)로 기민하게 포착하여 빠르게 상부에 보고를 한 TOD병, 그리고 부상자들을 싣고 평소에도 위험해 몹시 조심해서 다닌다는 꼬불꼬불 산길을 무슨 정신으로 어떻게 운전해 내려왔는지 기억도 안 난다던 운전병까지. 진정성 있는 그들의 이야기는 당시 내게 깊은 울림을 주었다. 그리고 자신이 속한 공동체와 동료를 위해 위험을 무릅쓴 채 최선을 다하는 숭고한 정신을 가진 청년들이 있는 한 우리나라는 희망이 있다고 느꼈다.

우리나라에는 역사적으로 많은 사례들이 있다. 수많은 외세 침략을 무찌르고 막아내며 오천년 역사를 지켜낸 것이 어찌 장군과 대신들만의 힘이었을까. 우리나라는 대대로 자기 자신의 안위보다 공동체로서의 숭고한 가치를 중시한 평범한 백성들이 지켜온 나라다. 이 나라는 나라를 빼앗겼을 때 주권을 되찾고자 쉬지 않고 투쟁했던 사람들의 나라, 전쟁 후 폐허가 된 국토를 50년 만에 세계인이 감탄하는 자연 환경과 산업 인프라를 구축해 낸 사람들의 나라, 그리고 지금도 끊임없이 정의와 공정을 화두로 투쟁하는 사람들이 사는 나라다. 평상시에는 편을 나눠 네가 옳으니 내가 옳으니 사사로이 다투다가도, 때가 오면 언제나 더 큰 이름으로 하나로 똘똘 뭉칠 줄 아는 사람들이 사는 나라이다.

여전히 산적해 있는 고질적 문제들과 제도적 병폐에 분개하다가도, 지구상의 그 어떤 나라보다 우리나라에 자부심을 느끼게 되는 건 바로 우리가 가진 이런 독특한 면 때문이다. 역사적으로 많은 시련과 위기를 겪었음에도 오늘날의 번영을 이룬 것은 바로 이렇게 높은 차원의 숭고한 가치를 추구하는 사람들이 그만큼 우리 사회에 많았기 때문일 것이다. 후세대를 위해서라도 현세대가 잘 보존하고 지켜가야 할 가치다.

5. 다채롭게 빛나는 행복을 위해

1998년 세계보건기구는 '정신 건강'에 대한 정의를 단순히 '질병이 없는 상태'에서 '신체적, 정서적, 심리적, 사회적, 그리고 영적으로 안녕한 역동적인 상태'로 개정한 바 있다.[29]

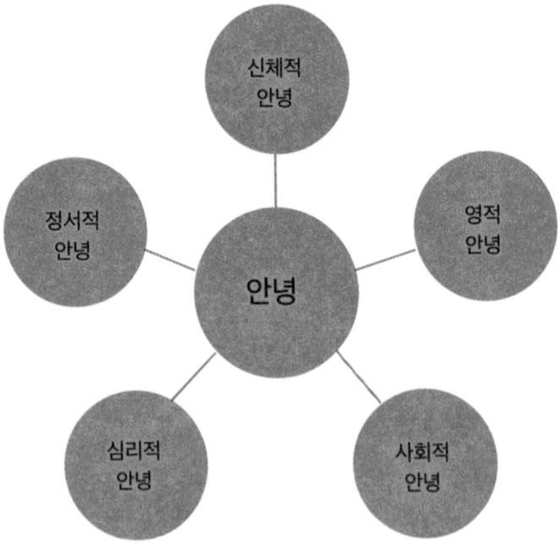

통합적 안녕의 개념도

행복이란 단순히 혼자만의 정서적 만족에 그치는 정도를 넘어 심리적으로 잘 기능하고, 자신이 속한 공동체와 잘 지내면서, 나아가 초월적 존재 및 더 큰 선을 향한 가치 지향과 조화로운 상태를 의미하는 것으로 학문적 합의가 이루어진 셈이다.

인간을 생물학적 차원에서만 보자면 세포가 생성되고 소멸하는 유기적 활동을 하고, 몸을 통해 화학적이고 물리적 기능을 수행하므로 완전히 '물질적인 존재'라고 할 수 있다. 그러나 심리학적 차원에서 우리는 정서적이고 지적인 면을 가진 '인식의 존재'이다. 감각과 추동, 본능과 더불어 욕구와 열망을 가지며 동시에 사회적 학습을 통해 '행동을 습득하는 존재'이다. 우리의 몸은 물질로 이루어져 있지만, 물질만으로 설명이 되지 않는 차원이 우리의 정신 작용에 있는 것이다.

우리 인간이 다른 생명체와 구분되는 가장 두드러진 특성은 바로 '영적 존재'라는 사실이다. 우리는 창조성과 예술성을 지닌 존재이며, 종교와 윤리적 민감성을 통해 양심에서 비롯된 활동을 선택할 줄 알고, 이에 어긋난 선택을 했을 때 죄책감과 죄의식을 느낄 줄 안다. 숭고한 가치를 이해하며 특별한 어떤 경험에 경외심을 가질 줄 아는 '직관과 영감을 지닌 존재'이다.

복잡하고 고차원적 존재인 인간이 단순한 물질적 만족과 쾌락 속에서만 행복을 추구하려 한다면, 심리적 차원과 정신적 혹은 영적 차원에서의 결핍감과 공허감을 채울 수 없을 것이다. 그러한 쾌락은 찰나의 상태에 불과하다. 쾌락주의는 어떻게 보면 물질만능주의, 혹은 더 극단적으로는 유물론과 궤를 같이하는지도 모른다. 유물론자들에게 있어 쾌락은 뇌세포에서 일어나는 일련의 과정일 뿐이니 말이다. 술이나 도박 등 어딘가에 푹 절어 삶을 영위한다면 뇌세포는 쾌락을 느낄지 모르지만, 그 뇌를 소유한 인간의 번영과 안녕에는 해가 될 것이 자명하다. 오늘날 알코올이나 약물, 도박이나 게임을 통한 중독 문제가 큰 사회적 문제로 대두된 상황만 보아도, 물질적 차원의 쾌락은 결코 우리를 행복하게 만들어 주지 않는다는 걸 알 수 있다. 뇌 세포에서의 쾌락 수준을 넘지 못하는 일차원적인 행복은 진짜가 아니다. 자신의 삶을 제대로 영위할 줄 아는 인간이라면 뇌 세포를 속이는 거짓 행복을 가려내는 정도의 지성은 갖추어야 한다.

세월호 당시 가라앉는 배에서 다른 이들의 생명을 구하느라 자신의 목숨을 희생한 의인들을 기억할 것이다. 물에 빠진, 얼굴도 모르는 누군가의 아이를 구하느라 정작 임신한 자신의 아내를 세상에 혼자 남겨 두고 세상을 떠난 젊은 남성도 있다. 경찰관, 소방관, 군인이 아니더라도 때로는 자칫하면 자신이 죽게 될 것을 뻔히 알면서도 의로움을 위해 스러져간 평범한 사람들을 우리는 너무나 많이 알고 있다. 그들은 모두 자신의 쾌락보다는 숭고한 가치를 실현하는 것에 의미를 둔 사람들이다. 고통스러운 현실 속에서도 물질적 수준의 행복보다는 저마다 자신이 소중하게 여기는 숭고한 가치를 좇는 사회적 안녕과 영적 안녕이라는 보다 높은 차원의 안녕을 추구했던 아름다운 사람들이다.

인간은 복잡한 존재이다. 결코 좋은 집, 좋은 차로 대변되는 물질적 안녕만으로 우리의 행복을 단순하게 설명할 수 없다. 행복하고 싶다면, 물질적 측면을 벗어나 우리 자신의 진정한 행복에 관심을 가져야 한다. 신체적으로 내 몸이 건강한지, 정서적으로 안녕한지, 심리적으로 잘 기능하고 있는지, 주변 사람들과 소속된 공동체와 사회적으로 좋은 관계를 잘 맺고 있는지, 더 큰 선과 자연 및 우주와의 관계는 어떠한지 다각적으로 주의를 기울이며 자신을 돌볼 때 비로소 인간은 행복해진다.

이제 이런 다각적인 관점에서의 행복인 '통합적 안녕'을 키이스 교수의 통합적 안녕감 척도[30]를 통해 점검해 보자. 혹 부족한 영역이 발견되면 그 부분을 좀 더 증진하고자 노력할 필요가 있다. 예를 들어 정서적 안녕감 평균이 사회적 안녕감 평균보다 높다면, 사회적 안녕감을 키우려고 노력할 때 보다 깊이 있고 높은 차원의 안녕 상태에 이르게 될 것이다.

이런 방식으로 다차원적인 측면에서 자신을 돌볼 줄 알며 잘 지내는 사람은 다른 사람에 대해서도 애정과 신뢰를 쌓고 헌신할 수 있다. 그야말로 건강한 사람인 것이다. 주변을 둘러보자. 현재의 나보다 조금이라도 더 건강한 사람이 있는지 찾아보자. 컴퓨터, 외국어 학습 등 '무작정 따라 하기'가 유행이던 시절로 돌아가 행복한 사람을 무작정 따라 하는 것은 어떨까. 행복한 사람을 관찰하고, 그와 이야기를 나누고 교류하면서 그 사람의 삶의 방식을 좇는 방법은 많은 도움이 될 것이다.

주변에 마땅한 사람이 없을 때는 이 책이 도움될 것이다. 이 책에서 소개하는 행복과 안녕 개념을 이해하게 되면, 자기 자신은 물론이고 주변 사람들 중 과연 누가 가장 행복한 사람인지, 잘 살고 있는 사람인지 판단하는 데 도움이 될 것이다. 또 책에서 소개하는 행복의 원리를 익히고 마음을 돌보는 팁들을 삶에 적용한다면 분명 이 책을 만나기 전보다 더 행복한 사람이 될 것이다. 저마다 행복하게 살아가는 방법은 다를 수 있지만, 원리는 다르지 않다. 행복의 원리를 이해하고 자신의 삶에서 실천해 보는 '행복 따라 하기'는 학습 기술을 모방하는 것보다 훨씬 의미 있고 가치 있는 모방이라 믿는다.

21세기의 시작과 더불어 긍정심리운동positive psychology movement이 전 세계적으로 널리 확산되고 있다. 'positive'는 '긍정적인'이란 뜻 외에도 '적극적인'이란 뜻도 품고 있다. 증상을 가려내고 병리를 진단하는 데만 초점을 두어왔던 기존의 소극적인 심리학에서 벗어나 사람들이 더 안녕히 지내며 행복할 수 있도록 돕는 방법을 모색하는 '적극적인 심리학'이 곧 긍정심리인 셈이다. 이 책을 읽는 독자들이 자기가 가진 문제와 증상 못지않게 자기 안의 강점과 긍정적 속성에 적극적인 관심을 기울이길 바란다. 책 속에 등장하는 인물들과 함께 지나온 자기 삶의 궤적을 돌아보며 현재의 자신을 있는 그대로 긍정하고, 자신이 바라는 삶의 방향을 향해 씩씩하게 또 한 걸음 내딛는 힘을 얻을 수 있다면 행복은 결코 먼 곳에 있지 않을 것이다.

● 그렇다면 지금 나는 안녕한 걸까? ●

각 문항을 주의 깊게 읽고, 지난 한 달 동안 각 문항의 내용을 얼마나 자주 경험했는지 0~5 사이의 숫자에 체크해 보자.

문항	내용	전혀 없음	한번 혹은 두번	대략 1주에 한번	대략 1주에 2-3번	거의 매일	매일
1	행복하다고 느꼈다.	⓪	①	②	③	④	⑤
2	삶이 흥미롭다고 느꼈다.	⓪	①	②	③	④	⑤
3	만족스럽다고 느꼈다.	⓪	①	②	③	④	⑤
4	내가 이 사회에 도움이 될 만한 능력을 갖고 있다고 느꼈다.	⓪	①	②	③	④	⑤
5	내가 공동체에 소속되어 있다고 느꼈다.	⓪	①	②	③	④	⑤
6	우리 사회가 나 같은 사람들이 살기 좋은 곳이 되어 가고 있다고 느꼈다.	⓪	①	②	③	④	⑤
7	사람들은 기본적으로 선하다고 느꼈다.	⓪	①	②	③	④	⑤
8	우리 사회가 돌아가는 방식이 이해할 만하다고 느꼈다.	⓪	①	②	③	④	⑤
9	나는 내 성격의 대부분이 좋다고 느꼈다.	⓪	①	②	③	④	⑤
10	평소 내가 해야 할 책임들을 다 하고 있다고 느꼈다.	⓪	①	②	③	④	⑤
11	다른 사람들과 따뜻하고 믿을 만한 관계를 맺고 있다고 느꼈다.	⓪	①	②	③	④	⑤
12	내가 더 나은 사람이 되도록 하는 경험들을 했다고 느꼈다.	⓪	①	②	③	④	⑤
13	나만의 생각과 의견을 떠올리거나 표현하는 데 자신이 있다고 느꼈다.	⓪	①	②	③	④	⑤
14	내 삶이 방향이나 삶의 의미를 갖고 있다고 느꼈다.	⓪	①	②	③	④	⑤

● 결과 ●

최근 제주도를 제외한 전국에서 19세부터 80세에 이르는 남녀 성인 1,000명을 대상으로 인구비례에 따라 표본을 추출하여 조사한 국내 연구 결과[31] 정신적 웰빙 총점 평균은 31.1점(표준편차 12.0)이었다. 각 하위요인별로는 정서적 웰빙은 7.0(표준편차 3.0)점, 사회적 웰빙은 10.5(표준편차 4.7)점, 심리적 웰빙은 13.7(표준편차 5.7)점이었다.

점수 계산		제1요인	제2요인	제3요인	총점
		정서적 웰빙	사회적 웰빙	심리적 웰빙	
		1~3번 점수 합산	4~8번 점수 합산	9~14번 점수 합산	전체 합산
내 점수		______점	______점	______점	______점
비교 기준	평균	7.0점	10.5점	13.7점	31.1점
	표준편차	3.0점	4.7점	5.7점	10.2점

키이스 교수에 따르면, 정서적 웰빙 3개 문항 중 한 개 이상에서 4점 혹은 5점이면서, 나머지 두 요인 사회적 웰빙과 심리적 웰빙을 합쳐 6개 이상의 문항에서 4점 혹은 5점이라면 종합적으로 안녕한 상태로 보아도 된다고 했다. 그러나 정서적 웰빙 3개 문항 중 한 개 이상에서 0점 혹은 1점이면서, 사회적 웰빙과 심리적 웰빙을 합쳐 6개 이상의 문항에서 0점 혹은 1점이라면 종합적으로 봤을 때 쇠약한 상태로서 전문가의 도움이 필요하다고 했다. 만약 안녕한 상태도 아니고 쇠약한 상태도 아니라면, 양호한 상태이다. 자, 종합적 웰빙을 점검해 보니 당신은 어떤가?

대표 성격 강점 활용 예시

덕목	성격 강점	정의
Ⅰ. 지혜/지식	창의성	1. 관심분야와 관련된 독창적인 아이디어를 일주일에 한 가지 이상 내기. 2. 친구나 형제의 문제에 대해 적어도 하나의 창의적인 해결방식을 제시하기. 3. 유명한 창의적인 사람들에 대해 읽고 무엇이 그들을 특별하게 만들었는지 찾아보기. 4. 버릴 물건들을 새롭게 재활용해보기. 5. 잘하는 일에 더 많은 시간을 쓰기 위해 다양하고 창의적인 방법을 찾아보기.
	호기심	1. 일주일에 3번 30분씩 책, 잡지, TV, 라디오, 인터넷 등을 보고 관심 분야의 지식을 넓히기. 전문가와 이야기하여 좋은 정보원에 대한 조언 얻기. 2. 새로운 음식 먹어보고 그 음식과 관련한 문화를 알아보기. 친구와 함께 식사하고 소감을 나누기. 3. 한 달에 두 번 한 시간씩 다른 문화의 사람과 만나 그의 문화에 대해 배우기. 4. 매년 적어도 한곳의 새로운 도시나 나라를 방문하기. 가능하다면 걷거나 자전거로 둘러보며 그곳의 공동체에 대해 더 배우기 위해 현지인과 이야기해 보기. 5. 창의적인 배움의 경험(ex.아이스크림을 만들며 과학 배우기, 근육을 이해하기 위한 요가 수업 등)에 참여하기. 친구와 함께하고 소감을 나누기.
	개방성	1. 가장 불만인 행동 3가지(ex.목표를 완수하지 못하는 것)를 떠올리고 앞으로를 위한 대안적 아이디어를 브레인스토밍하기. 2. 친구에게 나의 3가지 행동에 대한 비판적인 평가를 부탁하기. 그들의 평가에 대해 화내거나 방어적으로 듣지 않기. 3. 강한 의견을 가지고 있는 주제에 대해 일부러 반대 관점을 취해 보기. 4. 신중하지 않았던 최근 일 3가지를 떠올리고 다음번엔 행동하기 전에 생각할 시간을 가질 방법을 개발하기. (ex.10까지 세기) 5. 다른 문화적, 종교적 배경을 가진 사람의 멘토가 되기. 멘토도 학생으로부터 배울 수 있다는 것을 기억하기.
	학구열	1. 매달 새로운 박물관에 가서 새로 배운 것들을 기록하기. 친구, 가족과 함께하고 소감 나누기. 2. 다양한 매체를 통해 진행 중인 국제행사에 대해 알아보기. 각 매체가 보도하는 것이 어떻게 다른지 관찰하고 비판적으로 평가해 보기. 3. 사랑하는 사람들과 낭독하기. 각자의 관심사를 공유하기 위해 읽을거리는 돌아가면서 정하기. 4. 친구와 서로 각자 잘하는 것을 가르치고 배우는 시간 가져보기. 5. 새로운 곳으로 여행을 가서 놀면서 배우기. 현지 투어나 박물관을 가서 지역의 문화와 역사를 배우기.
	조망/통찰	1. 최근에 한 5가지 중요한 결정의 목적을 찾기. 무엇이 그 결정을 하게 했는지 떠올리기 2. 현명한 사람에 대해 조사하고 그들의 삶에서 배울 점을 찾기. 그들의 철학과 나의 철학을 비교해 보기. 3. 조언하기. (단 상대가 원할 때, 공감적으로) 4. 다른 관점을 가진 친구들과 모임을 만들고 의견을 주고받기. 5. 이웃에 사는 아이 한 명의 멘토가 되기. 어릴 때의 롤모델을 기억하며 그렇게 되려고 노력하기.

덕목	성격 강점	정의
II. 용기	용감함	1. 모임에서 새로운 의견 한 가지를 내보기. 자신의 의견을 굽히지 않으면서 사람들의 의견도 존중하기. 2. (정중하고 친절하게) 나와 다른 사람들이 현실을 직시하게 하는 어려운 질문을 던지기. 3. 스스로의 가치관이 나에게 얼마나 도움이/방해가 되는지 점검해 보기. 4. 평소 맞서기를 피하는 상황을 하나 찾고, 효과적인 대처방법을 연습하기. 5. 용감한 사람들의 이야기를 잡지나 뉴스기사 등을 통해 찾아보기.
	인내	1. 매주 작은 목표 5개를 세우고 진행 상황을 모니터하기. 2. 인내심을 보고 배울 수 있는 사람을 정하고 어떻게 하면 그 사람을 따라갈 수 있을지 알아보기. 3. 봄에 꽃을 심고 여름 동안 돌보기. 4. 시간 관리에 대한 워크숍이나 세미나에 참석하기. 5. 지속할 필요가 없는 일을 어떻게 그만둘지 생각하기. 생산적인 일에 에너지를 쓰기.
	진정성	1. 거짓말을 할 때마다 목록을 만들고 매일 거짓말 목록을 줄이기 위해 노력하기. 2. 해야 하는 말을 하지 않는 거짓말(ex. 중고물품을 팔 때 중요한 정보를 자진해서 공개하지 않는 것 등)을 하는지 스스로를 점검해 보고 다른 사람이 나에게 그런다면 어떨지 생각하기. 3. 지위나 명성, 사회적 압력에 영향받지 말고 공정하게 생각하고 행동하기. 4. 앞으로 하는 5가지 행동과 말이 서로 일치하는지 점검해 보기. 말과 일치되게 행동하려고 노력하기. 5. 도덕적 신념을 확인하고, 도덕적 확신에 근거해서 장기적인 우선순위를 결정하기.
	활력/열정	1. 해야 하거나 누군가 시켜서 하는 것이 아닌 스스로 정한 신체활동을 한 가지 하기. 2. 수면의 질을 높이기 위해 노력하고 활력 수준의 차이를 느끼기. (일정한 시간에 자고, 잠들기 3~4시간 전에는 먹지 말고, 침대에서는 일하지 말고, 늦은 저녁에는 카페인을 섭취하지 않기) 3. 어떤 일을 시작하기 전에 신나게 빠져들 방법을 떠올리기. 몰입할 수 있는지 확인하기. 4. 매주 코미디나 시트콤 영화를 보기. 5. 일주일에 한 시간 이상 야외활동하기.

덕목	성격 강점	정의
Ⅲ. 인간애	사랑	1. 연인, 배우자와 서로의 성격 강점을 칭찬하는 시간 갖기. 창의적으로 사랑을 표현하기. (시, 쪽지, 그림, 사진 등을 이용) 2. 좋아하는 활동에 함께 참여하기. 둘 다 좋아하는 활동이 없다면 새로운 활동을 하나 정해 같이 시도해 보기. 3. 부모님의 옛날 기억을 녹음하고 아이들에게 들려주기. 가족들이 소중한 기억을 기록할 수 있도록 돕기. 4. 가족 모두가 경험한 좋은 일들을 적는 가족 감사 노트를 만들기. 5. 일주일에 하루 지난 일주일 동안 있었던 가장 좋았던 일들을 낭독하기.
	친절	1. 주변 지인들에게 매주 세 가지 이상 친절한 행동하기. 아프거나 힘든 일이 있는 지인에게 전화로 위로하기. 2. 시험으로 바쁜 친구를 도와주기. 3. 이웃을 위해 음식을 해 주거나 아기 대신 돌보기. 4. 이메일, 문자메시지, 통화를 통해 연락할 때 친절하고 부드럽게 하기. 다른 사람들이 필요로 하는 물건이나 장비 빌려주고 사용법 알려주기. 5. 운전 시에 보행자나 오토바이 타는 사람들에게 친절하게 대하고 양보하기.
	사회성	1. 친구, 형제자매의 이야기를 공감적으로 듣기. 2. 누군가가 나를 불쾌하게 했을 때 상대의 의도에서 긍정적인 부분을 찾으려고 해 보기. 3. 4주 동안 매일 5가지 감정을 적어보고 패턴을 찾아보기. 4. 가까운 사람에게 내가 그들을 정서적으로 이해하지 못했던 적이 있었는지 묻고 앞으로는 어떻게 하면 그들의 감정을 이해할 수 있을지 구체적으로 생각해 보기. 5. 다른 사람들과 공감적으로 관계 맺는 친구 한 명을 찾아 관찰하고 따라 하려고 노력해 보기.

덕목	성격 강점	정의
IV. 정의	시민의식	1. 잘하는 것을 활용하여 할 수 있는 봉사활동을 매주 하기. 같은 열정을 가진 새로운 친구 사귀기. 2. 매년 한 명 이상의 사람을 정해 그들이 목표를 세우는 것을 돕고 과정을 함께하며 응원하기. 3. 마을이나 학교 대표로 운동 경기에 나가기. 4. 헌혈을 하거나 장기기증자가 되기. 주변 사람들에게도 권유하기. 5. 바쁘거나 아픈 이웃이나 친구를 위해 음식을 만들어주기.
IV. 정의	공정성	1. 자신의 실수를 인정하는지 점검해 보기. 앞으로 하는 실수들에 대해 솔직해지려고 노력하기. 2. 토의나 활동에서 모든 사람이 고르게 참여하도록 격려하기. 특히 소외감을 느끼는 사람들을 챙기기. 3. 결정을 할 때 개인적 선호의 영향을 최소화하려고 노력하기. 4. 불우한 사람들에게 공정한 경쟁의 기회를 제공하는 조직을 지지하기. 5. 속한 그룹을 위해 목소리를 내기. 다른 사람들의 권리를 위한 목소리를 내기.
IV. 정의	리더십	1. 세대가 교류할 수 있는 가족 행사를 열고 모든 사람이 대화에 참여하게 하기. 2. 불공정한 대우를 받는 사람을 지지하기. 다른 사람들에게 공정성을 강조하라고 하기. 3. 돌아가며 리더의 역할을 맡도록 하여 다른 사람들에게 리더가 될 기회를 주고 그 경험에 대한 이야기를 나누기. 4. 좋아하는 리더의 전기를 읽거나 영화를 보고 실천적인 면에서 어떤 영감을 주는지 평가해 보기. 내가 그 사람과 공통으로 가지고 있는 성격 강점이 있는지 생각해보기. 5. 두 사람이 논쟁을 벌일 때 다른 사람들을 불러 함께 이야기를 나누게 하고 문제 해결을 강조하는 방식으로 중재하기. 논의에 있어 개방적이고 존중하는 태도 취하기.

덕목	성격 강점	정의
V. 절제	용서/자비	1. 누군가를 불쾌하게 하고 용서받았던 적을 기억하고 다른 사람들을 용서하기. 정식 사과를 요구하지 말기. 2. 상대의 입장에서 그가 왜 당신의 기분을 나쁘게 했는지 이해하기. 3. 과거에 당신을 기분 나쁘게 했던 사람(가족이라면 더더욱 꼭)을 만나서 용서했다고 말하거나 친절하게 대하기. 4. 나를 기분 나쁘게 한 사람이 과거에 훌륭하게 행동했던 것을 떠올리며 그의 훌륭한 행동을 위해 기도하기. 5. 원한이 자신을 얼마나 감정적으로 괴롭게 하는지 알아차리기. 파괴적인 감정이 행동에 미치는 영향 3가지를 적어보기.
	겸손/겸양	1. 성취를 뽐내는 것을 일주일 동안 참고, 대인 관계의 변화를 살펴보기. 2. 다른 사람보다 능숙한 것을 과시하는 것을 참고, 다른 사람들이 먼저 알아차리도록 하기. 3. 다른 사람들이 자랑할 때 나도 내 자랑하는 것을 참기. 과시하는 것이 어떤 반응을 얻는지 관찰하기. 4. 모임에서 다른 사람들보다 많이 이야기하지는 않는지 점검하기. 말할 차례를 기다리기만 하는 대신 다른 사람들의 말을 듣는 것에 집중하기. 5. 어떤 점에서든 나보다 더 잘하고 진실한 사람을 찾으면 진심으로 칭찬하기. 다른 사람들의 칭찬을 겸손하게 받아들이기.
	신중성	1. 무슨말이든 하기 전에 두 번 생각하기. 일주일에 열 번 이상 그러는 것을 연습하고 그 효과를 기록하기. 2. 조심히 운전하기. 3. 중요한 결정을 할 때 먼저 모든 관련 없는 주의를 분산시키는 것들을 제거하기. 4. 결정이 1년, 5년, 10년 후에 가져올 결과를 고려하여 선택하기. 5. 중요한 결정은 편한 상태에서 내리기. 압박이 있을 때 결정을 내려야만 한다면 숨을 깊게 쉬고 마음을 비운 다음 결정하기.
	자기조절	1. 할 일에 집중하기 위해 주의를 분산시키는 것을 없애기. 소진되지 않도록 중간중간 짧은 휴식 취하기. 2. 유혹되는 것들을 없애기. 주변 사람들에게 응원을 요청하기. 3. 화가 나면 감정을 조절하려 노력하고 상황에 긍정적인 면에 초점을 두려고 하기. 스스로 감정과 반응을 얼마나 통제할 수 있는지 알아차리기. 4. 지킬 수 있는 생활패턴을 정하고 따르기. 필요에 따라 조정하더라도 큰 틀을 바뀌지 않게 하기. 5. 자신의 생체시계에 주의를 기울이기. 가장 깨어있을 때 가장 중요한 일을 하기.

덕목	성격 강점	정의
VI. 초월성	심미안	1. 매일 일상 속에서 자연의 아름다운 순간에 주목해 보기. 그리고 짜증나는 상황에 그 순간을 떠올리기. 2. 다른 사람의 선량함이 나의 삶에 어떤 영향을 미쳤는지 매주 기록하기. 긍정적 인간 행동의 아름다움에 감사하기. 3. 앞으로 할 세 가지 일 중 적어도 한 가지를 골라 특별히 마음을 담아 해 보기. 꼼꼼하게 하는 것보다, 주의를 기울이고 아름다움에 감사하는 것을 우선시하기. 4. 다른 사람들이 어떤 말과 행동으로 아름다움과 탁월함에 감탄하는지 주목해 보기. 내가 평소에 인식하지 못했던 삶의 부분들에 대해 다른 사람들은 감사하고 있는지 확인해 보기. 5. 다른 사람의 성격 강점의 탁월함을 알아보고 칭찬하기.
	감사	1. 매일 당연시 여겼던 작지만 중요한 일 하나를 고르고 앞으로는 그 일을 마음을 담아 하기. 2. 나의 성공에 기여한 모든 사람에게 고마움을 표하기. 3. '고맙다'라고만 하지 말고 구체적으로 고마움을 표현하고 사람들의 반응을 관찰하기. 4. 하루에 적어도 10분은 즐거운 경험을 음미하는데 할애하기. 10분 동안은 모든 의식적인 결정을 보류하기. 5. 일주일에 적어도 한번은 먹기 전에 내가 먹는 음식에 기여한 모든 사람들을 떠올려보기.
	낙관성	1. 스스로가 혹은 가까운 사람이 어려운 장애물을 극복하고 성공했던 상황을 떠올리기. 비슷한 상황에 마주했을 때 이전의 성공 경험을 기억하기. 2. 1년, 5년, 10년 후에 되고 싶은 모습을 그려보고 그렇게 되기 위해 가야 할 길을 구상하기. 감당할 수 있는 단계들과 과정을 기록할 방법도 생각하기. 3. 그동안 했던 나쁜 결정들을 회상하고 스스로를 용서하기. 앞으로는 어떻게 더 좋은 결정을 할지 생각해보기. 4. 역경을 마주했을 때 과거에 어떻게 비슷한 일을 극복했는지에 초점을 맞추기. 5. 주위에 긍정적이고 미래지향적인 친구를 두기. 어려울 때 그들의 격려와 도움을 받고, 나도 그들에게 그렇게 해줄 것을 약속하기.
	유머	1. 마주하는 상황들 속에서 재미있고 밝은 면을 찾아보기. 2. 매주 3개의 새로운 농담을 배우고 친구들에게 이야기하기. 같이 웃는 것이 어떻게 모임의 분위기를 좋게 만드는지 느끼기. 3. 뛰어난 유머 감각을 가지고 있는 사람과 친구가 되기. 그들이 어려운 상황에서 어떻게 유머를 활용하는지 보기. 4. 한 달에 적어도 한번 친구와 함께 즐거운 운동을 하러 나가기. 5. 친구들에게 재미있는 이메일 보내기.
	영성	1. 매일 10분씩 숨을 깊게 쉬고, 이완하고, 명상한 후 어떤 느낌이 드는지 관찰하기. 2. 매일 30분씩 영성이나 종교와 관련된 책을 읽고 믿고 존중하는 사람과 토론하기. 3. 다른 종교들을 경험해 보기. 4. 삶의 근본적인 목적을 탐색하고 이를 행동과 연결 짓기. 매일 스스로에게 삶의 목적을 위한 무언가를 달성했는지 묻기. 5. 직접 자신의 추도문을 써보거나 사랑하는 사람들에게 나를 어떻게 기억할지 물어보기.

주

1. Goleman, D., 《Handbook of Emotional Intelligence》, NY: Oxford University Press, 2000.
2. Wilson, W., 「Correlates of avowed happiness」, Psychological Bulletin, 67, 94-306, 1967.
3. Myers, D. G., 《The American paradox: Spiritual hunger in age of plenty》, NH: Yale University, 2000.
4. Seligman, M. E. P., 「Positive social science. APA Monitor」, 29(4), 2-5, 1998.
5. James, W., 「The principles of psychology」(Vol. 1), NY: Holt, 1890.
6. Heatherton & Wyland, 「Assessing self-esteem In Positive Psychological assessment: A handbook of models and measures」, Washington DC: American Psychological Assessment, 219-233, 2003.
7. 박홍석, 이정미, 「한국판 상태자존감척도(K-SSES)의 타당화 연구」, 한국심리학회지: 일반, 34(1), 133-158, 2015.
8. Elliot, A. J., McGregor, H. A., & Gable, S., 「Achievement goals, study strategies, and exam performance: A mediational analysis」, Journal of educational psychology, 91(3), 549, 1999.
9. Magyar-Moe, J. L., 「Therapist's guide to positive psychological interventions」, Academic press, 2009.

10. 이산, 오승택, 류소연, 전진용, 이건석, 이은, 박진영, 이상욱, 최원정, 「한국판 역학연구 우울척도 개정판(K-CESD-R)의 표준화 연구」, 정신신체의학, 24(1), 83-93, 2016.
11. Kim, J. T. & Shin, D. K., 「A study based on the standard-ization of the STAI for Korea」, New Medicine Journal, 21(11), 69-75, 1978.
12. 박홍석, 이정미, 「정적정서 부적정서 척도(PANAS)의 타당화」, 한국심리학회지: 일반, 35(4), 617-641, 2015.
13. Diener, E., Emmons, R.A., Larsen, R.J., & Griffin, S., 「The Satisfaction with Life Scale」, Journal of Personality Assessment, 49, 71-75, 1985.
14. 김민경, 이정미, 「온라인 매체를 활용한 성찰적 글쓰기 프로그램이 자기인식, 자기성찰 및 자존감에 미치는 효과: 상담심리전공 대학원생을 대상으로」, 한국심리학회지: 상담 및 심리치료, 30(1), 1-22, 2018.
15. Fredrickson, B. L., 「The role of positive emotions in positive psychology: The broaden-and-build theory of positive emotions」, American Psychologist, 56, 218-226, 2001.
16. Fredrickson B. L. & Losada, J. F., 「Positive affect and the complex dynamic of human flourishing」, American Psychologist, 60, 678-686, 2005.
17. Lyubomirsky, S., King, L., & Diener, E., 「The benefit of frequent positive affect」, Psychological Bulletin, 131, 803-855, 2005.

18. 맹일환, 이정미, 「직장인의 낙관성이 심리적 안녕감에 미치는 영향에 있어서 삶의 의미의 매개 효과」. 현실치료연구, 4(2), 69-82, 2015.
19. 한유, 이정미, 「긍정적 태도와 통증 대처 간의 관계」, 한국건강심리학회 2011년 춘계학술대회 논문 발표, 2011.
20. Carver, C. S., & Scheier, M. F., 「Self-consciousness, expectancies, and the coping process」, Stress and coping, 3, 305-330, 1985.
21. Scheier, M. F., Carver, C. S., & Bridges, M. W., 「Distinguishing optimism from neuroticism (and trait anxiety, self-mastery, and self-esteem): a reevaluation of the Life Orientation Test」, Journal of personality and social psychology, 67(6), 1063, 1994.
22. 일(work)을 직업(job), 경력(career), 소명(calling)으로 구분하는 것은 오래전부터 이어져 온 것이지만, 조너선 하이트의 저서 《명품을 코에 감은 코끼리, 행복을 찾아 나서다 The Happiness Hypothesis: Finding Modern Truth in Ancient Wisdom》(2006)에서 출처를 찾을 수 있다.
23. 최환규, 이정미, 「한국판 일의 의미척도(K-WAMI)의 타당화 연구」, 한국심리학회지: 사회 및 성격. 31(4), 1-25, 2017.
24. Peterson, C., 《A primer in positive psychology》, NY: Oxford University Press, 2006.
25. Sternberg, R. J., 「A triangular theory of love」, Psychological Review,

93, 119-135, 1986.

26. Bartholomew, K., 「Avoicance of intimacy: An attachment perspective」, Journal of Social and Personal Relationships, 7, 147-178, 1990.

27. Gottman, J. M., 《What predicts divorce? The relationship between marital processes and marital outcomes》, NJ: Lawrence Erlbaum, 1994.

28. Lauer, R. H., Lauer, R., & Kerr, S. T., 「The long-term marriage: Perceptions of stability and satisfaction」, International Journal of Aging and Human Development, 31, 189-195, 1990.

29. WHO, "Health is a dynamic state of complete physical, mental, spiritual and social well-being and not merely the absence of disease or infirmity." 1998.

30. Keyes, C. L. M., 「Promoting and protecting mental health as flourishing: A complementary strategy for improving national mental health」, American Psychologist, 62, 95-108, 2007.

31. 임영진, 고영건, 신희천, 조용래, 「정신적 웰빙 척도(MHC-SF)의 한국어판 타당화 연구」, 한국심리학회지: 일반, 31(2), 369-386, 2012.

심리학이 나를 안아주었다

초판 1쇄 발행 2019년 12월 9일
초판 3쇄 발행 2020년 2월 3일

지은이 이정미
펴낸이 권미경
기획편집 박주연
마케팅 심지훈, 조아라, 김보미
디자인 this-cover.com
펴낸곳 (주)웨일북
출판등록 2015년 10월 12일 제2015-000316호
주소 서울시 마포구 월드컵로32길 22, 비에스빌딩 5층
전화 02-322-7187 **팩스** 02-337-8187
메일 sea@whalebook.co.kr **페이스북** facebook.com/whalebooks

ISBN 979-11-90313-12-4

소중한 원고를 보내주세요.
좋은 저자에게서 좋은 책이 나온다는 믿음으로, 항상 진심을 다해 구하겠습니다.

이 도서의 국립중앙도서관 출판예정도서목록(CIP)은 서지정보유통지원시스템 홈페이지(http://seoji.nl.go.kr)와 국가자료종합목록 구축시스템(http://kolis-net.nl.go.kr)에서 이용하실 수 있습니다. (CIP 제어번호 : CIP2019048301)